Johann K. von Wiltmaister

Getraid Reduktion, nach welcher bei allen hierin enthaltenen kurfürstl. oberpfälzischen Getraider in der neu introduzirten Münchener Mässerey eingebracht werden

Johann K. von Wiltmaister

Getraid Reduktion, nach welcher bei allen hierin enthaltenen kurfürstl. oberpfälzischen Getraider in der neu introduzirten Münchener Mässerey eingebracht werden

ISBN/EAN: 9783743624108

Hergestellt in Europa, USA, Kanada, Australien, Japan

Cover: Foto ©Andreas Hilbeck / pixelio.de

Weitere Bücher finden Sie auf **www.hansebooks.com**

Getraid-Reduction

nach

welcher bey allen hierin enthaltenen

Churfürstl. Ober-Pfälzischen,

Landgrafschafft Leuchtenberg,

Dann

Reichs-Herrschafft Sulzbürg, und Pürbaumischen,

Wie auch

Schnaittach, oder Rottenbergischen Ca-
sten-so andern Aemtern die Gilt-und Zehent-
Getraider in der neu introducirten Münchner
Mässerey eingebracht werden.

Nebst

deren hierüber verfaßten

Geld-Resolvirungen

Wie hoch nach dem lauffenden Getraid-Preyß das geweßt Ober-
Pfälzische derley Maaß

dann

Der Metzen, so andere Minuto-Theile
dem Münchner Schaffl nach, in Kauffen,
und Verkauffen zustehen kommet.

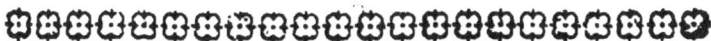

Amberg, gedruckt bey Johann Georg Koch.

Von Gottes Gnaden Maximilian Joseph

in Ober- und Nidern Bayrn, auch der Obern-Pfaltz Herzog, Pfalzgraf bey Rhein, des Heil. Röm. Reichs Erztruchseß, und Churfürst, Landgraf zu Leuchtenberg. ꝛc. ꝛc.

Nseren Gruß zuvor, Lieber Getreuer! Wir wollen dir auf dein bey unser Rent-Cammer untern 24. Octobr. diß Jahrs überreicht, und von selber mitls Bericht anhero comuniciert-unterthänigstes Anlangen, dein aus Eyfer vor unser höchstes Interesse, zu Nutzen des Publici, und sonderbar des gemeinen Manns verfaßtes Tractatl wegen Vergleichung der nunmahlig neuen mit der ehevorig. alten Mäßerey, dann Regulierung des hierob steigend- oder fallenden Geld-Preyses auf deine Kösten drucken lassen zu därffen, hiemit den gnädigsten Consens dahin mitgetheilt

)(·2   getheilt

getheilt haben, daß du dises zu Bezeigung
deines Patriotischen Eyfers zusammen ge-
tragene neue Mäfferey-Tractatl, welches
bey unser Rent-Cammer nach vorläuffiger
Revision in Calculo richtig erfunden worden ist, um somehr in Druck legen lassen
mögest, als Wir nicht minder selbst nach
genommener Einsicht befunden, dises ein
solches Werck zu seyn, welches durchaus,
und zu mehrerer Beförder-dann allgemei-
ner Einrichtung der neu-eingeführten Ge-
traid-Mäfferey sehr nutzlich ist. Amberg
den 20. November 1764.

Churfürstl. Regierung allda.

L.S.

An
Mich Rent-Cammer-Rath
von Wiltmaister.

Licent. Ignazi Göschl,
Churfürstlich-würcklicher
Regierungs-Secretarius.

Vorbericht.

Es kan jederman selbst schon einsehen, was für einen Nutzen dem gemeinen Weesen, und Gemächlichkeit unserer Nachkommenschafft die Lands-Vätterliche Vorsorge in Vereinigung deren Getraid-Mässereyen, deren in denen Landen der Obern-Pfalz so verschaiden, als viele Gerichter, ja wohl Städt, und Märckt, dann andere ansehentliche Orthschafften gewesen, verschafft werden. Die neu introducirte Gült-Bücher, und der hieraus regulirte Gült-und Getraid-Eindienst kan dem Unterthan nicht anderst, als unbekannt, und dunckel fürkommen, wann er nicht ehevor in Begriff stehet, wie sich die alte gegen der neuen Mässerey verhält. Damit er sich aber hierinnen gleichsam selbst ersehen, und begreiffen möge, daß er in der Münchner-Mässerey ein mehreren Getraid-Dienst nicht zu schütten hat, als er im alten Maaß verbunden ware; und dieweilen auch die Gemächlichkeit des gesellschafftlichen Le-Lebens von der eingeführten Gleichheit deren Mässereyen nur in langer Zeit etwan unserer Nachkommenschafft zufliessen wurde, wann nicht sogleich besonders dem gemeinen Mann, welcher der ordentlichen

)(3

regl

reglmäßigen Rechnungs-Kunst am wenig-
sten selbst kündig zu seyn pfleget, mit der
Leichtigkeit verholffen werden solte, womit
derselbe im Handl und Wandl das Münchner-Schaffl mit seinen Minuto-Theilen be-
samt dem betreffenden Geld-Preyß mit
dem jedes Orten biß anher üblich geweß-
ten Getraid-Maaß samt dem Verhalt des
Preyses in einen Vergleich zu bringen weiß,
bevorab nicht wohl zu vermuthen stehet, daß
die gleichsam angebohrne Begriffe von der
alten Mässerey auf einmahl erlöschen, und
das nunmehro durchgehends introducirte
Münchner-Schaffl dargegen auf einmahl
erwachen werde ; So habe ich mir bloß
zum Besten des gemeinen Weesens, und für
die Gemächlichkeit des gemeinen Manns
die Mühe gegeben, gegenwärtiges Tractatl
in Druck legen zu lassen, woraus der gemei-
ne Mann die Verhaltnuß deren Geld-
Preysen in Minuto-Theilen beyr Münchner-Mässerey biß aufs Schaffl in Waitzen,
Korn, Gersten, und Habern ersehen, und
darneben abnehmen könne, wie bey jedwe-
deren Getraid-Preyß die vorhero üblich ge-
weßte Mässerey mit seinen Untertheilen in
Geld zu stehen hätte.   Ich habe in der
Ausrechnung die Theile, so unter einen

Pfenning stehen, weggelassen, weilen solche Brüche dem gemeinen Mann nichts
helffen können, sondern nur vielmehr irre
machen wurden. Derowegen ersuche ich
anmit meine geneigte Leser mir die hieraus
etwan zu ziehen suchende Fehler an accura-
ter Ausrechnung zu keiner Unwissenheit
aufzubürden, indeme ich gegenwärtig keinen Rechenmeister für die Schüler vorzu-
stellen, sondern bloß dem gemeinen Mann
einen Dienst mit der Leichtigkeit in der
Münchner-Mässerey bey Handl und
Wandl fortzukommen, zu leisten mir vor-
gesetzet habe. Das geneigte Publicum
würdet dannenhero dise meine Bemühun-
gen um so billiger aufnehmen, als solche
auf desselben Bestes vermeint seynd, dar-
durch würdet den sich vorgesetzten End-
zweck erreicht haben

der Verfasser,
Johann Caspar von Wiltmaister,
Churfürstlicher Rent-Camer-
Rath.

Renner

Uber die hie nachstehend Ober-Pfälzische Aemter.

Die

Die hie nachstehende Aemter seynd
mit der nachfolgenden Amberger-
Viertel-Mässerey, und solcher Re-
solvirung vereinbaret.

Aurbach.

Eschenbach.

Freydenberg.

Grafenwöhrt.

Haimburg.

Hirschau.

Hollenberg.

Pfaffenhofen.

Röz.

Treßwitz.

Wetterfeld.

Waldmünchen.

REDUCTION.

Bey dem alldaigen Hof-Casten-Amt ist das Amberger Viertel gebraucht, nunmehro aber folgendermassen in die Münchner Mässerey reduciert worden.

Waiz, und Korn,

Das Viertl ad 6. Amberger, und das Schaffl zu 6. Münchner Metzen gerechnet.

Waiz, und Korn.

Viertl	Metzen	Maßl	Schaffl	Metzen	Viertling	Sechstl
		1				$1\frac{1}{4}$
		2				$2\frac{1}{2}$
		3				$3\frac{3}{4}$
	1				1	1
	2				2	2
	3				3	3
	4			1	1	-
	5			1	2	1
1				1	3	1
2				3	2	2
3				5	1	3
4			1	1	1	-
5			1	3		1
6			1	4	3	2
7			2		2	3
8			2	2	2	-
9			2	4	1	1
10			3			2
11			3	1	3	3
12			3	3	3	-
13			3	5	2	1
14			4	1	1	2
15			4	3		3
16			4	5		-

Gersten.

Die Maßl, und Metzen der Amberger Mässeren haben keinen Unterschid, außer daß auf ein Viertl 8. Metzen, und auf ein Schaffl 6. Münchner Metzen gerechnet werden.

Gersten.

Viertel.	Schaffl.	Metzen.	Viertling.	Sechzehtl.
1	-	2	1	$2\frac{1}{4}$
2	-	4	3	$1\frac{1}{2}\frac{1}{4}$
3	1	1	1	$-\frac{1}{4}$
4	1	3	2	$3-$
5	2	-	-	$1\frac{3}{4}$
6	2	2	2	$-\frac{1}{2}$
7	2	4	3	$3\frac{1}{4}$
8	3	1	1	$2-$
9	3	3	3	$-\frac{3}{4}$
10	4	-	-	$3\frac{1}{2}$
11	4	2	2	$2\frac{1}{4}$
12	4	5	-	$1-$
13	5	1	1	$3\frac{3}{4}$
14	5	3	3	$2\frac{1}{2}$
15	6	-	1	$1\frac{1}{4}$
16	6	2	3	$-$
17	6	5	-	$2\frac{3}{4}$
18	7	1	2	$1\frac{1}{2}$
19	7	4	-	$-\frac{1}{4}$
20	8	-	1	$3-$
30	12	-	2	$2\frac{1}{2}$
40	16	-	3	$2-$

Habern.

Das Amberger Habern- und Gersten-Viertel ist eines, und haltet jedoch 8. solche Metzen; dahingegen machet ein Schaffl 7. Münchner Metzen.

Habern.				
Viertel.	Schaffl	Metzen	Viertling	Sechzehtl
1	-	2	1	$2\frac{3}{4}$
2	-	4	3	$1\frac{1}{2}$
3	1	-	1	$-\frac{1}{4}$
4	1	2	2	3-
5	1	5	-	$1\frac{3}{4}$
6	2	-	2	$-\frac{1}{2}$
7	2	2	3	$3\frac{1}{4}$
8	2	5	1	2-
9	3	-	3	$-\frac{3}{4}$
10	3	3	-	$3\frac{1}{2}$
11	3	5	2	$2\frac{1}{4}$
12	4	1	-	1-
13	4	3	1	$3\frac{3}{4}$
14	4	5	3	$2\frac{1}{2}$
15	5	1	1	$1\frac{1}{4}$
16	5	3	3	-
17	5	6	-	$2\frac{3}{4}$
18	6	1	2	$1\frac{1}{2}$
19	6	4	-	$-\frac{1}{4}$
20	6	6	1	3-
30	10	2	2	$2\frac{1}{2}$
40	13	5	3	2-

Geld-Resolvirung

Uber das Amberger Getraid-Viertel nach dem
Münchner Schaffl.

Waitz.

Schl. Waitz.		Viertel.			Schl. Waitz.		Viertel.		
fl.	kr.	fl.	kr.	pf.	fl.	kr.	fl.	kr.	pf.
6	-	1	48	3	10	20	3	7	1
6	10	1	51	3	10	30	3	10	1
6	20	1	54	3	10	40	3	13	1
6	30	1	57	3	10	50	3	16	1
6	40	2	-	3	11	-	3	19	1
6	50	2	3	3	11	10	3	22	1
7	-	2	6	3	11	20	3	25	1
7	10	2	9	3	11	30	3	28	1
7	20	2	12	3	11	40	3	31	1
7	30	2	15	3	11	50	3	34	1
7	40	2	18	3	12	-	3	37	2
7	50	2	21	3	12	10	3	40	2
8	-	2	25	-	12	20	3	43	2
8	10	2	28	-	12	30	3	46	2
8	20	2	31	-	12	40	3	49	2
8	30	2	34	-	12	50	3	52	2
8	40	2	37	-	13	-	3	55	2
8	50	2	40	-	13	10	3	58	2
9	-	2	43	-	13	20	4	1	2
9	10	2	46	-	13	30	4	4	2
9	20	2	49	-	13	40	4	7	2
9	30	2	52	-	13	50	4	10	2
9	40	2	55	-	14	-	4	13	3
9	50	2	58	-	14	10	4	16	3
10	-	3	1	1	14	20	4	19	3
10	10	3	4	1	14	30	4	22	3

6   Amberg.   Korn.

Schl. Korn.		Viertel			Schl. Korn.		Viertel		
fl.	kr.	fl.	kr.	pf.	fl.	kr.	fl.	kr.	pf.
3	-	-	54	1	7	50	2	21	3
3	10	-	57	1	8	-	2	25	-
3	20	1	-	1	8	10	2	28	=
3	30	1	3	1	8	20	2	31	=
3	40	1	6	1	8	30	2	34	-
3	50	1	9	1	8	40	2	37	-
4	-	1	12	2	8	50	2	40	-
4	10	1	15	2	9	-	2	43	=
4	20	1	18	2	9	10	2	46	-
4	30	1	21	2	9	20	2	49	-
4	40	1	24	2	9	30	2	52	-
4	50	1	27	2	9	40	2	55	-
5	-	1	30	2	9	50	2	58	-
5	10	1	33	2	10	-	3	1	1
5	20	1	36	2	10	10	3	4	1
5	30	1	39	2	10	20	3	7	1
5	40	1	42	2	10	30	3	10	1
5	50	1	45	2	10	40	3	13	1
6	-	1	48	3	10	50	3	16	1
6	10	1	51	3	11	-	3	19	1
6	20	1	54	3	11	10	3	22	1
6	30	1	57	3	11	20	3	25	1
6	40	2	-	3	11	30	3	28	1
6	50	2	3	3	11	40	3	31	1
7	-	2	6	3	11	50	3	34	1
7	10	2	9	3	12	-	3	37	2
7	20	2	12	3	12	10	3	40	2
7	30	2	15	3	12	20	3	43	2
7	40	2	18	3	12	30	3	46	2

Schl.Gerſten		Viertel			Schl.Gerſten		Viertel		
fl.	kr.	fl.	kr.	pf.	fl.	kr.	fl.	kr.	pf.
3	-	1	12	2	7	50	3	9	2
3	10	1	16	2	8	-	3	13	3
3	20	1	20	2	8	10	3	17	3
3	30	1	24	2	8	20	3	21	3
3	40	1	28	3	8	30	3	25	3
3	50	1	32	3	8	40	3	29	3
4	-	1	36	3	8	50	3	33	3
4	10	1	40	3	9	-	3	37	3
4	20	1	44	3	9	10	3	42	-
4	30	1	48	3	9	20	3	46	-
4	40	1	53	-	9	30	3	50	-
4	50	1	57	-	9	40	3	54	-
5	-	2	1	-	9	50	3	58	-
5	10	2	5	-	10	-	4	2	-
5	20	2	9	-	10	10	4	6	-
5	30	2	13	-	10	20	4	10	1
5	40	2	17	-	10	30	4	14	1
5	50	2	21	1	10	40	4	18	1
6	-	2	25	1	10	50	4	22	1
6	10	2	29	1	11	-	4	26	1
6	20	2	33	1	11	10	4	30	1
6	30	2	37	1	11	20	4	34	1
6	40	2	41	1	11	30	4	38	2
6	50	2	45	1	11	40	4	42	2
7	-	2	49	2	11	50	4	46	2
7	10	2	53	2	12	-	4	50	2
7	20	2	57	2	12	10	4	54	2
7	30	3	1	2	12	20	4	58	2
7	40	3	5	2	12	30	5	2	2

Schl. Habern		Viertel			Schl. Habern		Viertel		
fl.	kr.	fl.	kr.	pf.	fl.	kr.	fl.	kr.	pf.
2	-	-	41	2	6	50	2	21	3
2	10	-	44	3	7	•	2	25	1
2	20	-	48	1	7	10	2	28	3
2	30	-	51	3	7	20	2	32	-
2	40	-	55	1	7	30	2	35	2
2	50	-	58	3	7	40	2	39	2
3	•	1	2	1	7	50	2	42	2
3	10	1	5	2	8	•	2	46	-
3	20	1	9	•	8	10	2	49	2
3	30	1	12	2	8	20	2	52	3
3	40	1	16	-	8	30	2	56	1
3	50	1	19	2	8	40	2	59	3
4	-	1	23	-	8	50	3	3	1
4	10	1	26	2	9	•	3	6	3
4	20	1	29	3	9	10	3	10	1
4	30	1	33	1	9	20	3	13	3
4	40	1	36	3	9	30	3	17	3
4	50	1	40	1	9	40	3	20	2
5	-	1	43	3	9	50	3	24	-
5	10	1	47	1	10	-	3	27	2
5	20	1	50	2	10	10	3	31	-
5	30	1	54	-	10	20	3	34	2
5	40	1	57	2	10	30	3	37	3
5	50	2	1	-	10	40	3	41	1
6	•	2	4	2	10	50	3	44	2
6	10	2	8	-	11	-	3	48	1
6	20	2	11	1	11	10	3	51	3
6	30	2	14	3	11	20	3	55	1
6	40	2	18	1	11	30	3	58	2

Daselbsten ist die bißher üblich geweste Getraid-Mässerey, Oehl, und Napf benamset, und hieuntstehend in die Münchner-Mässerey reduciert worden.

Waiß, und Korn.

Das Oehl haltet 8. Napf, und das Schaffl 6. Münchner Metzen.

Oehl	Napf	Schaffl	Metzen	Viertling	Sechzehtl
-	1	-	-	1	1¼
-	2	-	-	2	2¾
-	3	-	1	-	-
-	4	-	1	1	1½
-	5	-	1	2	3-
-	6	-	2	-	-
-	7	-	2	1	1¾
1	-	-	2	2	3-
2	-	-	5	1	2-
3	-	1	2	-	1-
4	-	1	4	3	-
5	-	2	1	1	3-
6	-	2	4	-	2-
7	-	3	-	3	1-
8	-	3	3	2	-
9	-	4	-	-	3-
10	-	4	2	3	2-
11	-	4	5	2	1-
12	-	5	2	1	-
13	-	5	4	3	3-
14	-	6	1	2	2-
15	-	6	4	1	1-
16	-	7	1	-	3-
17	-	7	3	2	3-

Gersten.
Die Gersten hat ein mehrhaltiges Oehl, mithin auch reichlicher Napf.

Oehl	Napf		Schaffl	Metzen	Viertling	Sechzehtl
-	1		-	-	1	2
-	2		-	-	3	-
-	3		-	1	-	2
-	4		-	1	2	-
-	5		-	1	3	2
-	6		-	2	3	-
-	7		-	2	-	2
1	-		-	2	3	-
2	-		1	-	-	-
3	-		1	3	-	-
4	-		2	-	-	-
5	-		2	3	-	-
6	-		3	-	-	-
7	-		3	3	-	-
8	-		4	-	-	-
9	-		4	3	-	-
10	-		5	-	-	-
11	-		5	3	-	-
12	-		6	-	-	-
13	-		6	3	-	-
14	-		7	-	-	-
15	-		7	3	-	-
16	-		8	-	-	-
17	-		8	3	-	-
18	-		9	-	-	-
19	-		9	3	-	-
20	-		10	-	-	-

Habern.

ie Oehl, und Napf seynd dißorths mit dem
Gersten = Maaß verstanden.

Napf	Schaffl	Metzen	Viertling	Sechzehtl
		3		
		6		
	1	2		
	1	5		
	2	1		
	2	4		
	3	-		
	3	3		
	3	6		
	4	2		
	4	5		
	5	1		
	5	4		
	6	-		
	6	3		
	6	6		
	7	2		
	7	5		
	8	1		
	8	4		
	12	6		
	17	1		
	21	3		
	25	5		
	30	-		
	34	2		
	38	4		

Sch. Waiß.		Bern. Oehl.			Schl. Waiß.		Bern. O	
fl.	kr.	fl.	kr.	pf.	fl.	kr.	fl.	kr.
6	-	2	41	1	10	40	4	46
6	10	2	45	2	10	50	4	51
6	20	2	50	-	11	-	4	55
6	30	2	54	2	11	10	5	-
6	40	2	59	-	11	20	5	4
6	50	3	3	2	11	30	5	9
7	-	3	8	-	11	40	5	13
7	10	3	12	2	11	50	5	18
7	20	3	17	-	12	-	5	22
7	30	3	21	2	12	10	5	26
7	40	3	26	-	12	20	5	31
7	50	3	30	2	12	30	5	35
8	-	3	35	-	12	40	5	40
8	10	3	39	2	12	50	5	44
8	20	3	43	3	13	-	5	49
8	30	3	48	1	13	10	5	53
8	40	3	52	3	13	20	5	58
8	50	3	57	1	13	30	6	2
9	-	4	1	3	13	40	6	7
9	10	4	6	1	13	50	6	11
9	20	4	10	3	14	-	6	16
9	30	4	15	1	14	10	6	20
9	40	4	19	3	14	20	6	25
9	50	4	24	1	14	30	6	29
10	-	4	28	3	14	40	6	34
10	10	4	33	-	14	50	6	38
10	20	4	37	2	15	-	6	43
10	30	4	42	-	15	10	6	47

l=Maaß.   Korn.

. Korn.	Bern. Oehl.			Schl. Korn.		Bern Oehl.		
kr.	fl.	kr.	pf.	fl.	kr.	fl.	kr.	pf.
-	1	20	2	7	40	3	26	-
10	1	25	-	7	50	3	30	2
20	1	29	2	8	-	3	35	-
30	1	34	-	8	10	3	39	2
40	1	38	2	8	20	3	43	3
50	1	43	-	8	30	3	48	1
-	1	47	2	8	40	3	52	3
10	1	51	3	8	50	3	57	1
20	1	56	1	9	-	4	1	3
30	2	-	3	9	10	4	6	1
40	2	5	1	9	20	4	10	3
50	2	9	3	9	30	4	15	1
-	2	14	1	9	40	4	19	3
10	2	18	3	9	50	4	24	1
20	2	23	1	10	-	4	28	3
30	2	27	3	10	10	4	33	-
40	2	32	1	10	20	4	37	2
50	2	36	3	10	30	4	42	-
-	2	41	1	10	40	4	46	2
10	2	45	2	10	50	4	51	-
20	2	50	-	11	-	4	55	2
30	2	54	2	11	10	5	-	-
40	2	59	-	11	20	5	4	2
50	3	3	2	11	30	5	9	-
-	3	8	-	11	40	5	13	2
10	3	12	2	11	50	5	18	-
20	3	17	-	12	-	5	22	2
30	3	21	2	12	10	5	26	3

Schl. Gersten		Bern. Oehl.			Schl. Gersten		Bern. Oehl.		
fl.	kr.	fl.	kr.	pf.	fl.	kr.	fl.	kr.	pf.
3	·	1	30	-	7	50	3	55	-
3	10	1	35	-	8	·	4	-	-
3	20	1	40	-	8	10	4	5	-
3	30	1	45	-	8	20	4	10	-
3	40	1	50	-	8	30	4	15	-
3	50	1	55	-	8	40	4	20	-
4	-	2	-	-	8	50	4	25	-
4	10	2	5	-	9	·	4	30	-
4	20	2	10	-	9	10	4	35	-
4	30	2	15	-	9	20	4	40	-
4	40	2	20	-	9	30	4	45	-
4	50	2	25	-	9	40	4	50	-
5	-	2	30	-	9	50	4	55	-
5	10	2	35	-	10	-	5	-	-
5	20	2	40	-	10	10	5	5	-
5	30	2	45	-	10	20	5	10	-
5	40	2	50	-	10	30	5	15	-
5	50	2	55	-	10	40	5	20	-
6	-	3	-	-	10	50	5	25	-
6	10	3	5	-	11	-	5	30	-
6	20	3	10	-	11	10	5	35	-
6	30	3	15	-	11	20	5	40	-
6	40	3	20	-	11	30	5	45	-
6	50	3	25	-	11	40	5	50	-
7	-	3	30	-	11	50	5	55	-
7	10	3	35	-	12	·	6	-	-
7	20	3	40	-	12	10	6	5	-
7	30	3	45	-	12	20	6	10	-
7	40	3	50	-	12	30	6	15	-

Habern	Bern. Oehl.			Schl. Habern		Bern. Oehl.		
kr.	fl.	kr.	pf.	fl.	kr.	fl.	kr.	pf.
-	-	51	1	6	50	2	55	2
10	-	55	2	7	-	3	-	-
20	1	-	-	7	10	3	4	1
30	1	4	1	7	20	3	8	2
40	1	8	2	7	30	3	12	3
50	1	12	3	7	40	3	17	-
-	1	17	-	7	50	3	21	1
10	1	21	1	8	-	3	25	2
20	1	25	2	8	10	3	30	-
30	1	30	-	8	20	3	34	1
40	1	34	1	8	30	3	38	2
50	1	38	2	8	40	3	42	3
-	1	42	3	8	50	3	47	-
10	1	47	-	9	-	3	51	1
20	1	51	1	9	10	3	55	2
30	1	55	2	9	20	4	-	-
40	2	-	-	9	30	4	4	1
50	2	4	1	9	40	4	8	2
-	2	8	2	9	50	4	12	3
10	2	12	3	10	-	4	17	-
20	2	17	-	10	10	4	21	1
30	2	21	1	10	20	4	25	2
40	2	25	2	10	30	4	30	-
50	2	30	-	10	40	4	34	1
-	2	34	1	10	50	4	38	2
10	2	38	2	11	-	4	42	3
20	2	42	3	11	10	4	47	-
30	2	47	-	11	20	4	51	1
40	2	51	1	11	30	4	55	2

Derorthen wirdet ein sogenannter Metzen geb
ner Mässerey auf nachste

			Waitz, und Korn.		
Metzen.	Viertl.	Schaffl.	Metzen.	Viertl.	Sech
-	1	-	-	1	1
-	2	-	-	2	2
-	3	-	3	3	3
1	-	-	1	1	1
2	-	-	2	2	2
3	-	-	3	3	3
4	-	-	5	1	.
5	-	1	-	2	1
6	-	1	1	3	2
7	-	1	3	-	3
8	-	1	4	2	.
9	-	1	5	3	1
10	-	2	1	-	2
11	-	2	2	1	3
12	-	2	3	3	.
13	-	2	5	-	1
14	-	3	-	1	2
15	-	3	1	2	3
16	-	3	3	-	
17	-	3	4	1	1
18	-	3	5	2	2
19	-	4	-	3	3
20	-	4	2	1	.
30	-	6	3	1	2
40	-	8	4	2	.
50	-	10	5	2	2
60	-	13	-	3	.

, welcher reducirtermaſſen ſich mit der Münch-
Weis verglichen hat an

Gerſten.

u der Gerſten wirdet ein raucher Metzen, und ein ſo
genannter Dreyling gebrauchet.

	Gerſten.				
...zen	Dreyling	Schaffl.	Metzen.	Viertling	Sechzehtl
-	1	-	-	1	$2\frac{1}{2}$
-	2	-	-	3	1-
-	3	-	1	-	$3\frac{3}{4}$
1	-	-	1	2	$2\frac{1}{4}$
2	-	-	3	1	$-\frac{1}{2}$
3	-	-	4	3	$2\frac{3}{4}$
4	-	1	-	2	1-
5	-	1	2	-	$3\frac{1}{4}$
6	-	1	3	3	$1\frac{1}{2}$
7	-	1	5	1	$3\frac{3}{4}$
8	-	2	1	-	2--
9	-	2	2	3	$-\frac{1}{4}$
10	-	2	4	1	$2\frac{1}{2}$
11	-	3	-	-	$-\frac{3}{4}$
12	-	3	1	2	3-
13	-	3	3	1	$1\frac{1}{4}$
14	-	3	4	3	$3\frac{1}{2}$
15	-	4	-	2	$1\frac{3}{4}$
16	-	4	2	1	-
17	-	4	3	3	$2\frac{1}{4}$
18	-	4	5	2	$-\frac{1}{2}$

Zabern.

Die Metzen, und Dreyling seynd mit dem Gersten-Maaß verstanden.

Metzen.	Dreyling		Schaffl.	Metzen	Viertling	Sechzel
1	-		-	1	2	$2\frac{1}{4}$
2	-		-	3	1	$-\frac{1}{2}$
3	-		-	4	3	$2\frac{3}{4}$
4	-		-	6	2	1 -
5	-		1	1	-	$3\frac{1}{4}$
6	-		1	2	3	$1\frac{1}{2}$
7	-		1	4	1	$3\frac{3}{4}$
8	-		1	6	-	2 -
9	-		2	-	3	$-\frac{1}{4}$
10	-		2	2	1	$2\frac{1}{8}$
11	-		2	4	-	$-\frac{3}{4}$
12	-		2	5	2	3 -
13	-		3	-	1	$1\frac{1}{4}$
14	-		3	1	3	$3\frac{1}{8}$
15	-		3	3	2	$1\frac{3}{4}$
16	-		3	5	1	-
17	-		3	6	3	$2\frac{1}{4}$
18	-		4	1	2	$-\frac{1}{2}$
19	-		4	3	-	$2\frac{3}{4}$
20	-		4	4	3	1 -
30	-		7	-	-	$3\frac{1}{2}$
40	-		9	2	2	2 -
50	-		11	5	-	$-\frac{1}{8}$

Waitz.

1. Waitz.		Metzen			Schl. Waitz.		Metzen		
	Kr.	fl.	kr.	pf.	fl.	kr.	fl.	kr.	pf.
	-	1	18	3	10	30	2	17	3
	10	1	20	3	10	40	2	20	-
	20	1	23	-	10	50	2	22	-
	30	1	25	1	11	-	2	24	1
	40	1	27	2	11	10	2	26	2
	50	1	29	2	11	20	2	28	3
	-	1	31	3	11	30	2	30	3
	10	1	34	-	11	40	2	33	-
	20	1	36	1	11	50	2	35	1
	30	1	38	1	12	-	2	37	2
	40	1	40	2	12	10	2	39	2
	50	1	42	3	12	20	2	41	3
8	-	1	45	-	12	30	2	44	-
8	10	1	47	-	12	40	2	46	1
8	20	1	49	1	12	50	2	48	1
8	30	1	51	2	13	-	2	50	2
8	40	1	53	3	13	10	2	52	3
8	50	1	55	3	13	20	2	55	-
9	-	1	58	-	13	30	2	57	1
9	10	2	-	1	13	40	2	59	1
9	20	2	2	2	13	50	3	1	2
9	30	2	4	2	14	-	3	3	3
9	40	2	6	3	14	10	3	5	3
9	50	2	9	-	14	20	3	8	-
10	-	2	11	1	14	30	3	10	1
10	10	2	13	1	14	40	3	12	2
10	20	2	15	2	14	50	3	14	2

Schl. Korn.		Metzen			Schl. Korn.		Metzen		
fl.	kr.	fl.	kr.	pf.	fl.	kr.	fl.	kr.	pf.
3	-	-	39	1	7	50	1	42	3
3	10	-	41	2	8	-	1	45	-
3	20	-	43	3	8	10	1	47	-
3	30	-	45	3	8	20	1	49	1
3	40	-	48	-	8	30	1	51	2
3	50	-	50	1	8	40	1	53	3
4	-	-	52	2	8	50	1	55	3
4	10	-	54	2	9	-	1	58	-
4	20	-	56	3	9	10	2	-	1
4	30	-	59	-	9	20	2	2	2
4	40	1	1	1	9	30	2	4	2
4	50	1	3	1	9	40	2	6	3
5	-	1	5	2	9	50	2	9	-
5	10	1	7	3	10	-	2	11	1
5	20	1	10	-	10	10	2	13	1
5	30	1	12	-	10	20	2	15	2
5	40	1	14	1	10	30	2	17	3
5	50	1	16	2	10	40	2	20	-
6	-	1	18	3	10	50	2	22	-
6	10	1	20	3	11	-	2	24	1
6	20	1	23	-	11	10	2	26	2
6	30	1	25	1	11	20	2	28	3
6	40	1	27	2	11	30	2	30	3
6	50	1	29	2	11	40	2	33	-
7	-	1	31	3	11	50	2	35	1
7	10	1	34	-	12	-	2	37	2
7	20	1	36	1	12	10	2	39	2
7	30	1	38	1	12	20	2	41	3
7	40	1	40	2	12	30	2	44	-

Gersten	Metzen.			Schl.Gersten.		Metzen		
kr.	fl.	kr.	pf.	fl.	kr.	fl.	kr.	pf.
-	-	49	-	7	50	2	8	2
10	-	51	3	8	-	2	11	1
20	-	54	2	8	10	2	13	3
30	-	57	1	8	20	2	16	2
40	1	-	-	8	30	2	19	1
50	1	2	3	8	40	2	22	-
-	1	5	2	8	50	2	24	3
10	1	8	1	9	-	2	27	2
20	1	11	-	9	10	2	30	1
30	1	13	3	9	20	2	33	-
40	1	16	2	9	30	2	35	3
50	1	19	1	9	40	2	38	2
-	1	22	-	9	50	2	41	1
10	1	24	3	10	-	2	44	-
20	1	27	2	10	10	2	46	3
30	1	30	-	10	20	2	49	2
40	1	32	3	10	30	2	52	1
50	1	35	2	10	40	2	55	-
-	1	38	1	10	50	2	57	2
10	1	41	-	11	-	3	-	1
20	1	43	3	11	10	3	3	-
30	1	46	2	11	20	3	5	3
40	1	49	1	11	30	3	8	2
50	1	52	-	11	40	3	11	1
-	1	54	3	11	50	3	14	-
10	2	57	2	12	-	3	16	3
20	2	-	1	12	10	3	19	2
30	2	3	-	12	20	3	22	1
40	2	5	3	12	30	3	25	-

Schl. Habern		Metzen			Schl. Habern		Metzen		
fl.	kr.	fl.	kr.	pf.	fl.	kr.	fl.	kr.	pf.
2	-	-	28	-	6	50	1	36	-
2	10	-	30	1	7	-	1	38	1
2	20	-	32	3	7	10	1	40	3
2	30	-	35	-	7	20	1	43	-
2	40	-	37	2	7	30	1	45	1
2	50	-	39	3	7	40	1	47	3
3	-	-	42	-	7	50	1	50	-
3	10	-	44	2	8	-	1	52	2
3	20	-	46	3	8	10	1	54	3
3	30	-	49	-	8	20	1	57	-
3	40	-	51	2	8	30	1	59	2
3	50	-	53	3	8	40	2	1	3
4	-	-	56	1	8	50	2	4	-
4	10	-	58	2	9	-	2	6	2
4	20	1	-	3	9	10	2	8	3
4	30	1	3	1	9	20	2	11	1
4	40	1	5	2	9	30	2	13	2
4	50	1	7	3	9	40	2	15	3
5	-	1	10	1	9	50	2	18	1
5	10	1	12	2	10	-	2	20	2
5	20	1	15	-	10	10	2	22	3
5	30	1	17	1	10	20	2	25	1
5	40	1	19	2	10	30	2	27	2
5	50	1	22	-	10	40	2	30	-
6	-	1	24	1	10	50	2	32	1
6	10	1	26	2	11	-	2	34	2
6	20	1	29	-	11	10	2	37	-
6	30	1	31	1	11	20	2	39	1
6	40	1	33	3	11	30	2	41	2

Dises Ambt ist mit einen sogenannten Viertl versehen, auf welches 8. dortige Metzen gezehlet; in der Münchner Mäßerey aber auf die nachstehende Weis befunden worden.

Waitz, und Korn.

Viertl.	Metzen.	Schaffl.	Metzen.	Viertl.	Sechzehtl
-	1	-	-	1	-$\frac{3}{4}$
-	2	-	-	2	1 $\frac{1}{8}$
-	3	-	-	3	2 $\frac{1}{4}$
-	4	-	1	-	3 -
-	5	-	1	1	3 $\frac{3}{4}$
-	6	-	1	3	-$\frac{1}{8}$
-	7	-	2	-	1 $\frac{1}{4}$
1	-	-	2	1	2 -
2	-	-	4	3	-
3	-	1	1	-	2
4	-	1	3	2	2
5	-	1	3	3	2
6	-	2	2	3	2
7	-	2	4	2	2
8	-	3	1	-	2
9	-	3	3	1	2
10	-	3	3	3	2
11	-	4	2	-	2
12	-	4	4	2	2
13	-	5	-	3	2
14	-	5	3	1	2
15	-	5	3	2	2
16	-	6	2	-	2
17	-	6	4	1	2
18	-	7	-	3	2
19	-	7	3	-	2

Gersten.

Auch dißorths das Viertl zu 8 Metzen , welches aber e⸗
Viertl und Metzen reichlicher als bey Waitz, und Korn.

Gersten.

Viertl.	Metzen	Schaffl	Metzen	Viertling	Sech⸗
–	1	–	–	1	
–	2	–	–	2	–
–	3	–	–	3	3¾
–	4	–	1	1	1 –
–	5	–	1	2	2¼
–	6	–	1	3	3½
–	7	–	2	1	–¾
1		–	2	2	2
2		–	2	1	–
3		1	1	3	2
4		1	4	2	2
5		2	1	–	2
6		2	3	3	–
7		3	–	1	2
8		3	3	–	2
9		3	5	2	2
10		4	2	1	2
11		4	4	3	2
12		5	1	2	–
13		5	4	–	2
14		6	–	3	–
15		6	3	1	2
16		7	–	–	–
17		7	2	1	2
18		7	5	1	–
19		8	1	3	2

Habern.
Die Viertl, und Metzen seynd diforths mit dem Gersten-Maaß verstanden.

Habern.

Viertl.	Metzen	Schaffl	Metzen	Viertling	Sechzehtl
1	–	–	2	2	2
2	–	–	5	1	–
3	–	1	–	3	2
4	–	1	3	2	–
5	–	1	6	–	2
6	–	2	1	3	–
7	–	2	4	1	2
8	–	3	–	–	–
9	–	3	2	2	2
10	–	3	5	1	–
11	–	4	–	3	2
12	–	4	3	2	–
13	–	4	6	–	2
14	–	5	1	3	–
15	–	5	4	1	2
16	–	6	–	–	–
17	–	6	2	2	2
18	–	6	5	1	–
19	–	7	–	3	2
20	–	7	3	2	–
30	–	11	1	3	–
40	–	15	–	–	–
50	–	18	5	1	–
60	–	22	3	2	–
70	–	26	1	3	–
80	–	30	–	–	–
90	–	33	5	1	–

Schl. Waitz.		Viertel			Schl. Waitz.		Viertel		
fl.	kr.	fl.	kr.	pf.	fl.	kr.	fl.	kr.	pf.
6	-	2	22	2	10	40	4	13	1
6	10	2	26	1	10	50	4	17	1
6	20	2	30	1	11	-	4	21	1
6	30	2	34	1	11	10	4	25	-
6	40	2	38	1	11	20	4	29	-
6	50	2	42	1	11	30	4	33	-
7	-	2	46	1	11	40	4	37	-
7	10	2	50	-	11	50	4	41	-
7	20	2	54	-	12	-	4	45	-
7	30	2	58	-	12	10	4	48	3
7	40	3	2	-	12	20	4	52	3
7	50	3	6	-	12	30	4	56	3
8	-	3	10	-	12	40	5	-	3
8	10	3	13	3	12	50	5	4	3
8	20	3	17	3	13	-	5	8	3
8	30	3	21	3	13	10	5	12	2
8	40	3	25	3	13	20	5	16	2
8	50	3	29	3	13	30	5	20	2
9	-	3	33	3	13	40	5	24	2
9	10	3	37	2	13	50	5	28	2
9	20	3	41	2	14	-	5	32	2
9	30	3	45	2	14	10	5	36	1
9	40	3	49	2	14	20	5	40	1
9	50	3	53	2	14	30	5	44	1
10	-	3	57	2	14	40	5	48	1
10	10	4	1	1	14	50	5	52	1
10	20	4	5	1	15	-	5	56	1
10	30	4	9	1	15	10	6	-	-

Schl. Korn.		Viertel			Schl. Korn.		Viertel		
fl.	kr.	fl.	kr.	pf.	fl.	kr.	fl.	kr.	pf.
3	-	1	11	1	7	40	3	2	-
3	10	1	15	-	7	50	3	6	-
3	20	1	19	-	8	-	3	10	-
3	30	1	23	-	8	10	3	13	3
3	40	1	27	-	8	20	3	17	3
3	50	1	31	-	8	30	3	21	3
4	-	1	35	-	8	40	3	25	3
4	10	1	38	3	8	50	3	29	3
4	20	1	42	3	9	-	3	33	3
4	30	1	46	3	9	10	3	37	2
4	40	1	50	3	9	20	3	41	2
4	50	1	54	3	9	30	3	45	2
5	-	1	58	3	9	40	3	49	2
5	10	2	2	2	9	50	3	53	2
5	20	2	6	2	10	-	3	57	2
5	30	2	10	2	10	10	4	1	1
5	40	2	14	2	10	20	4	5	1
5	50	2	18	2	10	30	4	9	1
6	-	2	22	2	10	40	4	13	1
6	10	2	26	1	10	50	4	17	1
6	20	2	30	1	11	-	4	21	1
6	30	2	34	1	11	10	4	25	1
6	40	2	38	1	11	20	4	29	-
6	50	2	42	1	11	30	4	33	-
7	-	2	46	1	11	40	4	37	-
7	10	2	50	-	11	50	4	41	3
7	20	2	54	-	12	-	4	45	-
7	30	2	58	-	12	10	4	48	3

Col.Gersten		Viertel			Schl.Gersten		Viertel		
fl.	kr.	fl.	kr.	pf.	fl.	kr.	fl.	kr.	pf.
3	.	1	18	3	7	50	3	25	2
3	10	1	23	-	8	-	3	30	-
3	20	1	27	2	8	10	3	34	1
3	30	1	31	3	8	20	3	38	3
3	40	1	36	1	8	30	3	43	-
3	50	1	40	2	8	40	3	47	2
4	.	1	45	-	8	50	3	51	3
4	10	1	49	1	9	.	3	56	-
4	20	1	53	3	9	10	4	-	2
4	30	1	58	-	9	20	4	5	-
4	40	2	2	2	9	30	4	9	1
4	50	2	6	3	9	40	4	13	3
5	.	2	11	1	9	50	4	18	-
5	10	2	15	2	10	.	4	22	2
5	20	2	20	-	10	10	4	26	3
5	30	2	24	1	10	20	4	31	1
5	40	2	28	3	10	30	4	35	2
5	50	2	33	-	10	40	4	40	-
6	-	2	37	2	10	50	4	44	1
6	10	2	41	3	11	-	4	48	3
6	20	2	46	1	11	10	4	53	-
6	30	2	50	2	11	20	4	57	2
6	40	2	55	-	11	30	5	1	3
6	50	2	59	1	11	40	5	6	1
7	-	3	3	3	11	50	5	10	2
7	10	3	8	-	12	.	5	15	-
7	20	3	12	2	12	10	5	19	1
7	30	3	16	3	12	20	5	23	3
7	40	3	21	1	12	30	5	28	-

Schl. Habern		Viertel			Schl. Habern		Viertel		
fl.	kr.	fl.	kr.	pf.	fl.	kr.	fl.	kr.	pf.
2	.	-	45	-	6	50	2	33	3
2	10	-	48	3	7	.	2	37	2
2	20	-	52	2	7	10	2	41	1
2	30	.	56	1	7	20	2	45	-
2	40	1	.	-	7	30	2	48	3
2	50	1	3	3	7	40	2	52	2
3	.	1	7	2	7	50	2	56	1
3	10	1	11	1	8	-	3	-	-
3	20	1	15	-	8	10	3	3	3
3	30	1	18	3	8	20	3	7	2
3	40	1	22	2	8	30	3	11	1
3	50	1	26	1	8	40	3	15	-
4	.	1	30	-	8	50	3	18	3
4	10	1	33	3	9	.	3	22	2
4	20	1	37	2	9	10	3	26	1
4	30	1	41	1	9	20	3	30	-
4	40	1	45	-	9	30	3	33	3
4	50	1	48	3	9	40	3	37	2
5	.	1	52	2	9	50	3	41	1
5	10	1	56	1	10	-	3	45	-
5	20	2	-	-	10	10	3	48	3
5	30	2	3	3	10	20	3	52	2
5	40	2	7	2	10	30	3	56	1
5	50	2	11	1	10	40	4	-	-
6	.	2	15	-	10	50	4	3	3
6	10	2	18	3	11	.	4	7	2
6	20	2	22	2	11	10	4	11	1
6	30	2	26	1	11	20	4	15	-
6	40	2	30	-	11	30	4	18	3

Bey disen Casten-Umbt ist das Achtel, und der Napf eingeführet : beedes aber, wie hieunten stehet, in die Münchner Mässerey reduciert worden.

Waitz, und Korn.

Achtel.	Napf.	Schaffl.	Metzen.	Viertl.	Sechzehtl
-	1	-	-	1	1¾
-	2	-	-	2	3½
-	3	-	1	-	1¼
-	4	-	1	1	3
-	5	-	1	3	-
-	6	-	2	-	2½
-	7	-	2	2	-
1	-	-	2	3	2
2	-	-	5	3	-
3	-	1	2	2	2
4	-	1	2	2	2
5	-	2	2	1	2
6	-	2	2	1	-
7	-	3	2	-	2
8	-	3	5	-	2
9	-	4	1	3	2
10	-	4	4	3	-
11	-	5	1	2	2
12	-	5	4	2	-
13	-	6	1	1	2
14	-	6	4	1	-
15	-	7	1	-	2
16	-	7	4	-	-
17	-	8	-	3	2
18	-	8	3	3	-
19	-	9	-	2	2

Gersten.

Zu der Gersten hat man ein rauches Achtel, worauf 8. solche Napf gerechnet worden, gebrauchet, und den Verhalt in der Münchner Mässerey, wie hieunten stehet, befunden.

Gersten.

Achtel.	Napf.	Schaffl.	Metzen	Vierling	Sechzehtl
-	1	-	-	2	- ½
-	2	-	1	-	- ¾
-	3	-	1	2	1 ¼
-	4	-	2	-	1 ¾
-	5	-	2	2	2 -
-	6	-	3	-	2 ½
-	7	-	3	2	2 ¾
1	-	-	4	-	3 ¼
2	-	1	2	1	2 ½
3	-	2	-	2	1 ¾
4	-	2	4	3	1 -
5	-	3	3	-	- ¼
6	-	4	1	-	3 ½
7	-	4	5	1	2 ¾
8	-	5	3	2	2 -
9	-	6	1	3	1 ¼
10	-	7	-	-	- ½
11	-	7	4	-	3 ¾
12	-	8	2	1	3 -
13	-	9	-	2	2 ¼
14	-	9	4	3	1 ½
15	-	10	3	-	- ¾

Habern.

Das Haber-Achtl , und die Napf seynd mit dem rauhe-
Gersten-Maaß verstanden.

Habern.

Achtel.	Napf.	Schaffl.	Metzen	Viertling	Sech
1	-	-	4	-	3
2	-	1	1	1	3 2
3	-	1	5	2	2 1
4	-	2	2	3	1 1
5	-	3	-	-	1 -
6	-	3	4	-	-
7	-	4	1	1	
8	-	4	5	2	
9	-	5	2	3	
10	-	6	-	-	
11	-	6	4	-	
12	-	7	1	1	
13	-	7	5	2	
14	-	8	2	3	$1\frac{1}{3}$
15	-	9	-	-	$-\frac{3}{4}$
16	-	9	4	1	$-$
17	-	10	1	1	$3\frac{3}{4}$
18	-	10	5	2	$2\frac{1}{3}$
19	-	11	2	3	$1\frac{3}{4}$
20	-	12	-	-	1-
30	-	18	-	-	$1\frac{1}{3}$
40	-	24	-	-	2-
50	-	30	-	-	$2\frac{5}{7}$

Uber das Kemnather Achtl.

Waiz.

Schl. Waiz.		Achtel.			Schl. Waiz.		Achtel.		
fl.	kr.	fl.	kr.	pf.	fl.	kr.	fl.	kr.	pf.
6	-	2	52	2	10	30	5	1	3
6	10	2	57	1	10	40	5	6	2
6	20	3	2	-	10	50	5	11	1
6	30	3	6	3	11	-	5	16	1
6	40	3	11	2	11	10	5	21	-
6	50	3	16	1	11	20	5	25	3
7	-	3	21	1	11	30	5	30	2
7	10	3	26	-	11	40	5	35	1
7	20	3	30	3	11	50	5	40	-
7	30	3	35	2	12	-	5	45	-
7	40	3	40	1	12	10	5	49	3
7	50	3	45	-	12	20	5	54	2
8	-	3	50	-	12	30	5	59	1
8	10	3	54	3	12	40	6	4	-
8	20	3	59	2	12	50	6	8	3
8	30	4	4	1	13	-	6	13	3
8	40	4	9	-	13	10	6	18	2
8	50	4	13	3	13	20	6	23	1
9	-	4	18	3	13	30	6	28	-
9	10	4	23	2	13	40	6	32	3
9	20	4	28	1	13	50	6	37	2
9	30	4	33	-	14	-	6	42	2
9	40	4	37	3	14	10	6	47	1
9	50	4	42	2	14	20	6	52	-
10	-	4	47	2	14	30	6	56	3
10	10	4	52	1	14	40	7	1	2
10	20	4	57	-	14	50	7	6	1

Waiß.

Schl. Waiß.		Viertel			Schl. Waiß.		Viertel		
fl.	kr.	fl.	kr.	pf.	fl.	kr.	fl.	kr.	pf.
6	-	2	22	2	10	40	4	13	1
6	10	2	26	1	10	50	4	17	1
6	20	2	30	1	11	-	4	21	1
6	30	2	34	1	11	10	4	25	-
6	40	2	38	1	11	20	4	29	-
6	50	2	42	1	11	30	4	33	-
7	-	2	46	1	11	40	4	37	-
7	10	2	50	-	11	50	4	41	-
7	20	2	54	-	12	-	4	45	-
7	30	2	58	-	12	10	4	48	3
7	40	3	2	-	12	20	4	52	3
7	50	3	6	-	12	30	4	56	3
8	-	3	10	-	12	40	5	-	3
8	10	3	13	3	12	50	5	4	3
8	20	3	17	3	13	-	5	8	3
8	30	3	21	3	13	10	5	12	2
8	40	3	25	3	13	20	5	16	2
8	50	3	29	3	13	30	5	20	2
9	-	3	33	3	13	40	5	24	2
9	10	3	37	2	13	50	5	28	2
9	20	3	41	2	14	-	5	32	2
9	30	3	45	2	14	10	5	36	1
9	40	3	49	2	14	20	5	40	1
9	50	3	53	2	14	30	5	44	1
10	-	3	57	2	14	40	5	48	1
10	10	4	1	1	14	50	5	52	1
10	20	4	5	1	15	-	5	56	1
10	30	4	9	1	15	10	6	-	-

steiner Viertel.   **Korn.**

Schl. Korn.		Viertel.			Schl. Korn.		Viertel		
fl.	kr.	fl.	kr.	pf.	fl.	kr.	fl.	kr.	pf.
3	-	1	11	1	7	40	3	2	-
3	10	1	15	-	7	50	3	6	-
3	20	1	19	-	8	-	3	10	-
3	30	1	23	-	8	10	3	13	3
3	40	1	27	-	8	20	3	17	3
3	50	1	31	-	8	30	3	21	3
4	-	1	35	-	8	40	3	25	3
4	10	1	38	3	8	50	3	29	3
4	20	1	42	3	9	-	3	33	3
4	30	1	46	3	9	10	3	37	2
4	40	1	50	3	9	20	3	41	2
4	50	1	54	3	9	30	3	45	2
5	-	1	58	3	9	40	3	49	2
5	10	2	2	2	9	50	3	53	2
5	20	2	6	2	10	-	3	57	2
5	30	2	10	2	10	10	4	1	1
5	40	2	14	2	10	20	4	5	1
5	50	2	18	2	10	30	4	9	1
6	-	2	22	2	10	40	4	13	1
6	10	2	26	1	10	50	4	17	1
6	20	2	30	1	11	-	4	21	1
6	30	2	34	1	11	10	4	25	
6	40	2	38	1	11	20	4	29	-
6	50	2	42	1	11	30	4	33	-
7	-	2	46	1	11	40	4	37	-
7	10	2	50	-	11	50	4	41	3
7	20	2	54	-	12	-	4	45	-
7	30	2	58	-	12	10	4	48	3

Schl.Gersten		Viertel			Schl.Gersten		Viertel		
fl.	kr.	fl.	kr.	pf.	fl.	kr.	fl.	kr.	pf.
3	-	1	18	3	7	50	3	25	2
3	10	1	23	-	8	-	3	30	-
3	20	1	27	2	8	10	3	34	1
3	30	1	31	3	8	20	3	38	3
3	40	1	36	1	8	30	3	43	-
3	50	1	40	2	8	40	3	47	2
4	-	1	45	-	8	50	3	51	3
4	10	1	49	1	9	-	3	56	-
4	20	1	53	3	9	10	4	-	2
4	30	1	58	-	9	20	4	5	-
4	40	2	2	2	9	30	4	9	1
4	50	2	6	3	9	40	4	13	3
5	-	2	11	1	9	50	4	18	-
5	10	2	15	2	10	-	4	22	2
5	20	2	20	-	10	10	4	26	3
5	30	2	24	1	10	20	4	31	1
5	40	2	28	3	10	30	4	35	2
5	50	2	33	-	10	40	4	40	-
6	-	2	37	2	10	50	4	44	1
6	10	2	41	3	11	-	4	48	3
6	20	2	46	1	11	10	4	53	-
6	30	2	50	2	11	20	4	57	2
6	40	2	55	-	11	30	5	1	3
6	50	2	59	1	11	40	5	6	1
7	-	3	3	3	11	50	5	10	2
7	10	3	8	-	12	-	5	15	-
7	20	3	12	2	12	10	5	19	1
7	30	3	16	3	12	20	5	23	3
7	40	3	21	1	12	30	5	28	-

Schl.Habern		Viertel			Schl.Habern		Viertel		
fl.	kr.	fl.	kr.	pf.	fl.	kr.	fl.	kr.	pf.
2	.	-	45	-	6	50	2	33	3
2	10	-	48	3	7	.	2	37	2
2	20	-	52	2	7	10	2	41	1
2	30	.	56	1	7	20	2	45	-
2	40	1	.	.	7	30	2	48	3
2	50	1	3	3	7	40	2	52	2
3	.	1	7	2	7	50	2	56	1
3	10	1	11	1	8	-	3	-	-
3	20	1	15	.	8	10	3	3	3
3	30	1	18	3	8	20	3	7	2
3	40	1	22	2	8	30	3	11	1
3	50	1	26	1	8	40	3	15	-
4	.	1	30	.	8	50	3	18	3
4	10	1	33	3	9	.	3	22	2
4	20	1	37	2	9	10	3	26	1
4	30	1	41	1	9	20	3	30	-
4	40	1	45	.	9	30	3	33	3
4	50	1	48	3	9	40	3	37	2
5	.	1	52	2	9	50	3	41	1
5	10	1	56	1	10	.	3	45	1
5	20	2	.	.	10	10	3	48	3
5	30	2	3	3	10	20	3	52	2
5	40	2	7	2	10	30	3	56	1
5	50	2	11	1	10	40	4	-	.
6	.	2	15	.	10	50	4	3	3
6	10	2	18	3	11	.	4	7	2
6	20	2	22	2	11	10	4	11	1
6	30	2	26	1	11	20	4	15	-
6	40	2	30	-	11	30	4	18	3

Kemnath.

Bey disen Casten-Ambt ist das Achtel, und der Napf eingeführet: beedes aber, wie hieunten stehet, in die Münchner Mässerey reduciert worden.

Waiz, und Korn.

Achtel.	Napf.	Schaffl.	Metzen.	Viertl.	Sechzehtl
-	1	-	-	1	1¾
-	2	-	-	2	3½
-	3	-	1	-	1¼
-	4	-	1	1	3
-	5	-	1	3	¾
-	6	-	2	-	2⅓
-	7	-	2	2	¼
1	-	-	2	3	2
2	-	-	5	3	2
3	-	1	2	2	2
4	-	1	5	2	2
5	-	1	2	1	2
6	-	2	5	1	2
7	-	2	2	-	2
8	-	3	5	-	2
9	-	4	1	3	2
10	-	4	4	3	2
11	-	5	1	2	2
12	-	5	4	2	2
13	-	6	1	1	2
14	-	6	4	1	2
15	-	7	1	-	2
16	-	7	4	-	2
17	-	8	-	3	2
18	-	8	3	3	2
19	-	9	-	2	2

Gersten.

In der Gersten hat man ein rauches Achtel, worauf 8. solche Napf gerechnet worden, gebrauchet, und den Verhalt in der Münchner Mässerey, wie hieunten stehet, befunden.

Gersten.

Achtel.	Napf.	Schäffl.	Metzen.	Viertling	Sechzehtl
-	1	-	-	2	- $\frac{1}{2}$
-	2	-	1	-	- $\frac{3}{4}$
-	3	-	1	2	1 $\frac{1}{4}$
-	4	-	2	-	1 $\frac{3}{4}$
-	5	-	2	2	2 -
-	6	-	3	-	2 $\frac{1}{2}$
-	7	-	3	2	2 $\frac{3}{8}$
1	-	-	4	-	3 $\frac{1}{4}$
2	-	1	2	1	2 $\frac{1}{2}$
3	-	2	-	2	1 $\frac{3}{4}$
4	-	2	4	3	1 -
5	-	3	3	-	- $\frac{5}{4}$
6	-	4	1	-	3 $\frac{1}{2}$
7	-	4	5	1	2 $\frac{3}{4}$
8	-	5	3	2	2 -
9	-	6	1	3	1 $\frac{1}{4}$
10	-	7	-	-	- $\frac{1}{2}$
11	-	7	4	-	3 $\frac{3}{4}$
12	-	8	2	1	3 -
13	-	9	-	2	2 $\frac{1}{4}$
14	-	9	4	3	1 $\frac{1}{2}$
15	-	10	3	-	- $\frac{3}{4}$

Habern.

Das Haber-Achtl, und die Napf seynd mit dem rauhe-
Gersten-Maaß verstanden.

Habern.

Achtel.	Napf.	Schaffl.	Metzen	Viertling	Sech
1	-	-	4	-	3
2	-	1	1	1	2
3	-	1	5	2	1.
4	-	2	2	3	1
5	-	3	-	-	-
6	-	3	4	-	
7	-	4	1	1	
8	-	4	5	2	
9	-	5	2	3	
10	-	6	-	-	
11	-	6	4	-	
12	-	7	1	1	
13	-	7	5	2	
14	-	8	2	3	$1\frac{1}{3}$
15	-	9	-	-	$-\frac{3}{4}$
16	-	9	4	1	-
17	-	10	1	1 1	$3\frac{1}{4}$
18	-	10	5	2	$2\frac{1}{2}$
19	-	11	2	3	$1\frac{3}{4}$
20	-	12	-	-	1-
30	-	18	-	-	$1\frac{1}{3}$
40	-	24	-	-	2-
50	-	30	-	-	$2\frac{1}{2}$

Uber das Kemnather Achtl.

Waiz.

Schl. Waiz.		Achtel			Schl. Waiz.		Achtel		
fl.	kr.	fl.	kr.	pf.	fl.	kr.	fl.	kr.	pf.
6	-	2	52	2	10	30	5	1	3
6	10	2	57	1	10	40	5	6	2
6	20	3	2	-	10	50	5	11	1
6	30	3	6	3	11	-	5	16	1
6	40	3	11	2	11	10	5	21	-
6	50	3	16	1	11	20	5	25	3
7	-	3	21	1	11	30	5	30	2
7	10	3	26	-	11	40	5	35	1
7	20	3	30	3	11	50	5	40	-
7	30	3	35	2	12	-	5	45	-
7	40	3	40	1	12	10	5	49	3
7	50	3	45	-	12	20	5	54	2
8	-	3	50	-	12	30	5	59	1
8	10	3	54	3	12	40	6	4	-
8	20	3	59	2	12	50	6	8	3
8	30	4	4	1	13	-	6	13	3
8	40	4	9	-	13	10	6	18	2
8	50	4	13	3	13	20	6	23	1
9	-	4	18	3	13	30	6	28	-
9	10	4	23	2	13	40	6	32	3
9	20	4	28	1	13	50	6	37	2
9	30	4	33	-	14	-	6	42	2
9	40	4	37	3	14	10	6	47	1
9	50	4	42	2	14	20	6	52	-
10	-	4	47	2	14	30	6	56	3
10	10	4	52	1	14	40	7	1	2
10	20	4	57	-	14	50	7	6	1

Schl. Korn.		Achtel.			Schl. Korn.		Achtel.		
fl.	kr.	fl.	kr.	pf.	fl.	kr.	fl.	kr.	pf.
3	-	1	26	1	7	50	3	45	-
3	10	1	31	-	8	-	3	50	-
3	20	1	35	3	8	10	3	54	3
3	30	1	40	2	8	20	3	59	2
3	40	1	45	1	8	30	4	4	1
3	50	1	50	-	8	40	4	9	-
4	-	1	55	-	8	50	4	13	3
4	10	1	59	3	9	-	4	18	3
4	20	2	4	2	9	10	4	23	2
4	30	2	9	1	9	20	4	28	1
4	40	2	14	-	9	30	4	33	-
4	50	2	18	3	9	40	4	37	3
5	-	2	23	3	9	50	4	42	2
5	10	2	28	2	10	-	4	47	2
5	20	2	33	1	10	10	4	52	1
5	30	2	38	-	10	20	4	57	-
5	40	2	42	3	10	30	5	1	3
5	50	2	47	2	10	40	5	6	2
6	-	2	52	2	10	50	5	11	1
6	10	2	57	1	11	-	5	16	1
6	20	3	2	-	11	10	5	21	-
6	30	3	6	3	11	20	5	25	3
6	40	3	11	2	11	30	5	30	2
6	50	3	16	1	11	40	5	35	1
7	-	3	21	1	11	50	5	40	-
7	10	3	26	-	12	-	5	45	-
7	20	3	30	3	12	10	5	49	3
7	30	3	35	2	12	20	5	54	2
7	40	3	42	1	12	30	5	59	1

Schl.Gersten		Achtel			Schl.Gersten		Achtel		
fl.	kr.	fl.	kr.	pf.	fl.	kr.	fl.	kr.	pf.
3	-	2	6	-	7	50	5	29	-
3	10	2	13	-	8	-	5	36	1
3	20	2	20	-	8	10	5	43	1
3	30	2	27	-	8	20	5	50	1
3	40	2	34	-	8	30	5	57	1
3	50	2	41	-	8	40	6	4	1
4	-	2	48	-	8	50	6	11	1
4	10	2	55	-	9	-	6	18	1
4	20	3	2	-	9	10	6	25	1
4	30	3	9	-	9	20	6	32	1
4	40	3	16	-	9	30	6	39	1
4	50	3	23	-	9	40	6	46	1
5	-	3	30	-	9	50	6	53	1
5	10	3	37	-	10	-	7	-	1
5	20	3	44	-	10	10	7	7	1
5	30	3	51	-	10	20	7	14	1
5	40	3	58	-	10	30	7	21	1
5	50	4	5	-	10	40	7	28	1
6	-	4	12	-	10	50	7	35	1
6	10	4	19	-	11	-	7	42	1
6	20	4	26	-	11	10	7	49	1
6	30	4	33	-	11	20	7	56	1
6	40	4	40	-	11	30	8	3	1
6	50	4	47	-	11	40	8	10	1
7	-	4	54	-	11	50	8	17	1
7	10	5	1	-	12	-	8	24	1
7	20	5	8	-	12	10	8	31	1
7	30	5	15	-	12	20	8	38	1
7	40	5	22	-	12	30	8	45	1

| Schl. Habern | | Achtel | | | Schl. Habern | | Achtel | | |
fl.	kr.	fl.	kr.	pf.	fl.	kr.	fl.	kr.	pf.
2	-	1	12	-	6	50	4	6	-
2	10	1	18	-	7	-	4	12	-
2	20	1	24	-	7	10	4	18	-
2	30	1	30	-	7	20	4	24	-
2	40	1	36	-	7	30	4	30	-
2	50	1	42	-	7	40	4	36	-
3	-	1	48	-	7	50	4	42	-
3	10	1	54	-	8	-	4	48	-
3	20	2	-	-	8	10	4	54	-
3	30	2	6	-	8	20	5	-	-
3	40	2	12	-	8	30	5	6	-
3	50	2	18	-	8	40	5	12	-
4	-	2	24	-	8	50	5	18	-
4	10	2	30	-	9	-	5	24	-
4	20	2	36	-	9	10	5	30	-
4	30	2	42	-	9	20	5	36	-
4	40	2	48	-	9	30	5	42	-
4	50	2	54	-	9	40	5	48	1
5	-	3	-	-	9	50	5	54	1
5	10	3	6	-	10	-	6	-	1
5	20	3	12	-	10	10	6	6	1
5	30	3	18	-	10	20	6	12	1
5	40	3	24	-	10	30	6	18	1
5	50	3	30	-	10	40	6	24	1
6	-	3	36	-	10	50	6	30	1
6	10	3	42	-	11	-	6	36	1
6	20	3	48	-	11	10	6	42	1
6	30	3	54	-	11	20	6	48	1
6	40	4	-	-	11	30	6	54	1

zorths ist auch das Achtel, und der Napf Herkommens gewesen, welches sich in der Münchner Mässerey hier nachstehend verificirt hat.

Waitz, und Korn.

Achtel.	Napf.	Schaffl	Metzen.	Viertling	Sechzehtl
–	1	–	–	1	$2\frac{1}{4}$
–	2	–	–	3	$-\frac{1}{2}$
–	3	–	1	–	$2\frac{3}{4}$
–	4	–	1	2	1 –
–	5	–	1	3	$3\frac{1}{4}$
–	6	–	2	1	$1\frac{1}{2}$
–	7	–	2	2	$3\frac{3}{4}$
1	–	–	3	–	2 –
2	–	1	–	1	–
3	–	1	3	1	2
4	–	2	–	2	–
5	–	2	3	3	2
6	–	3	–	3	–
7	–	3	3	3	2
8	–	4	1	–	–
9	–	4	4	–	2
10	–	5	1	1	–
11	–	5	4	1	2
12	–	6	1	2	–
13	–	6	4	2	2
14	–	7	1	3	–
15	–	7	4	3	2
16	–	8	2	–	–
17	–	8	5	–	2
18	–	9	2	1	–
19	–	9	5	1	2

Gersten.

Bey diser ist ein besonders so genanntes rauches Achtl, und derley Napf gebrauchet, auch hieunten reducirt worden.

Gersten.

Achtel	Napf.	Schaffl.	Metzen.	Viertling	Sechzehl
-	1	-	-	1	3 -
-	2	-	-	3	2 $\frac{1}{4}$
-	3	-	1	1	1 $\frac{1}{4}$
-	4	-	1	3	- $\frac{1}{4}$
-	5	-	2	-	3 $\frac{1}{4}$
-	6	-	2	2	2 $\frac{1}{2}$
-	7	-	3	-	1 $\frac{1}{2}$
1	-	-	3	2	- $\frac{1}{2}$
2	-	1	1	-	1 -
3	-	1	4	2	1 $\frac{1}{2}$
4	-	2	2	-	2 -
5	-	2	5	2	2 $\frac{1}{2}$
6	-	3	3	-	3 -
7	-	4	-	2	3 $\frac{1}{2}$
8	-	4	4	1	-
9	-	5	1	3	- $\frac{1}{2}$
10	-	5	5	1	1 -
11	-	6	2	3	1 $\frac{1}{2}$
12	-	7	-	1	2 -
13	-	7	3	3	2 $\frac{1}{2}$
14	-	8	1	1	3 -
15	-	8	4	3	3 $\frac{1}{2}$
16	-	9	2	2	-

Habern.

Das Achtel, und die Napf seynd disorths mit dem
Gersten-Maaß verstanden.

Habern.

tel.	Napf.	Schaffl.	Metzen	Viertling	Sechzehtl
1	-	-	3	2	-$\frac{1}{2}$
2	-	1	-	-	1-
3	-	1	3	2	1$\frac{1}{2}$
4	-	2	-	-	2-
5	-	2	3	2	2$\frac{1}{2}$
6	-	3	-	-	3-
7	-	3	3	2	3$\frac{1}{2}$
8	-	4	-	1	-
9	-	4	3	3	-$\frac{1}{2}$
10	-	5	-	1	1-
11	-	5	3	3	1$\frac{1}{2}$
12	-	6	-	1	2-
13	-	6	3	3	2$\frac{1}{2}$
14	-	7	-	1	3-
15	-	7	3	3	3$\frac{1}{2}$
16	-	8	-	2	-
17	-	8	4	-	-$\frac{1}{2}$
18	-	9	-	2	1-
19	-	9	4	-	1$\frac{1}{2}$
20	-	10	-	2	2-
30	-	15	-	3	3-
40	-	20	1	1	-
50	-	25	1	2	1-

Waitz.

Schl. Waitz.		Achtel			Schl. Waitz.		Achtel		
fl.	kr.	fl.	kr.	pf.	fl.	kr.	fl.	kr.	pf.
6	-	3	7	2	10	40	5	33	1
6	10	3	12	2	10	50	5	38	2
6	20	3	17	3	11	-	5	43	3
6	30	3	23	-	11	10	5	48	3
6	40	3	28	1	11	20	5	54	-
6	50	3	33	2	11	30	5	59	1
7	-	3	38	3	11	40	6	4	2
7	10	3	43	3	11	50	6	9	3
7	20	3	49	-	12	-	6	15	-
7	30	3	54	1	12	10	6	20	-
7	40	3	59	2	12	20	6	25	1
7	50	4	4	3	12	30	6	30	2
8	-	4	10	-	12	40	6	35	-
8	10	4	15	-	12	50	6	41	-
8	20	4	20	1	13	-	6	46	1
8	30	4	25	2	13	10	6	51	1
8	40	4	30	3	13	20	6	56	2
8	50	4	36	-	13	30	7	1	3
9	-	4	41	1	13	40	7	7	-
9	10	4	46	1	13	50	7	12	1
9	20	4	51	2	14	-	7	17	2
9	30	4	56	3	14	10	7	22	2
9	40	5	2	-	14	20	7	27	3
9	50	5	7	1	14	30	7	33	-
10	-	5	12	2	14	40	7	38	1
10	10	5	17	2	14	50	7	43	2
10	20	5	22	3	15	-	7	48	3
10	30	5	28	-	15	10	7	53	3

berger Achtel.   Korn.

Schl. Korn.		Achtel.			Schl. Korn.		Achtel.		
fl.	kr.	fl.	kr.	pf.	fl.	kr.	fl.	kr.	pf.
3	-	1	33	3	7	40	3	59	2
3	10	1	38	3	7	50	4	4	3
3	20	1	44	-	8	-	4	10	-
3	30	1	49	1	8	10	4	15	-
3	40	1	54	2	8	20	4	20	1
3	50	1	59	3	8	30	4	25	2
4	-	2	5	-	8	40	4	30	3
4	10	2	10	-	8	50	4	36	-
4	20	2	15	1	9	-	4	41	1
4	30	2	20	2	9	10	4	46	1
4	40	2	25	3	9	20	4	51	2
4	50	2	31	-	9	30	4	56	3
5	-	2	36	1	9	40	5	2	-
5	10	2	41	1	9	50	5	7	1
5	20	2	46	2	10	-	5	12	1
5	30	2	51	3	10	10	5	17	2
5	40	2	57	-	10	20	5	22	3
5	50	3	2	1	10	30	5	28	-
6	-	3	7	2	10	40	5	33	1
6	10	3	12	2	10	50	5	38	2
6	20	3	17	3	11	-	5	43	3
6	30	3	23	-	11	10	5	48	3
6	40	3	28	1	11	20	5	54	-
6	50	3	33	2	11	30	5	59	1
7	-	3	38	3	11	40	6	4	2
7	10	3	43	3	11	50	6	9	3
7	20	3	49	-	12	-	6	15	-
7	30	3	54	1	12	10	6	20	-

Schl.Gersten		Achtel			Schl.Gersten		Achtel		
fl.	kr.	fl.	kr.	pf.	fl.	kr.	fl.	kr.	pf
3	-	1	45	3	7	50	4	36	2
3	10	1	51	3	8	-	4	42	2
3	20	1	57	2	8	10	4	48	1
3	30	2	3	2	8	20	4	54	1
3	40	2	9	1	8	30	5	-	-
3	50	2	15	1	8	40	5	6	-
4	-	2	21	1	8	50	5	11	3
4	10	2	27	-	9	-	5	17	3
4	20	2	33	-	9	10	5	23	2
4	30	2	38	3	9	20	5	29	2
4	40	2	44	3	9	30	5	35	1
4	50	2	50	2	9	40	5	41	1
5	-	2	56	2	9	50	5	47	-
5	10	3	2	1	10	-	5	53	-
5	20	3	8	1	10	10	5	59	-
5	30	3	14	-	10	20	6	4	3
5	40	3	20	-	10	30	6	10	3
5	50	3	25	3	10	40	6	16	3
6	-	3	31	3	10	50	6	22	2
6	10	3	37	3	11	-	6	28	1
6	20	3	43	2	11	10	6	34	1
6	30	3	49	2	11	20	6	40	-
6	40	3	55	1	11	30	6	46	-
6	50	4	1	1	11	40	6	51	3
7	-	4	7	-	11	50	6	57	3
7	10	4	13	-	12	-	7	3	3
7	20	4	18	3	12	10	7	9	2
7	30	4	24	3	12	20	7	15	2
7	40	4	30	2	12	30	7	21	1

Schl. Habern		Achtel			Schl. Habern		Achtel		
fl.	kr.	fl.	kr.	pf.	fl.	kr.	fl.	kr.	pf.
2	-	1	-	2	6	50	3	26	3
2	10	1	5	2	7	-	3	31	3
2	20	1	10	2	7	10	3	36	3
2	30	1	15	2	7	20	3	41	3
2	40	1	20	2	7	30	3	47	-
2	50	1	25	3	7	40	3	52	-
3	-	1	30	3	7	50	3	57	-
3	10	1	35	3	8	-	4	2	-
3	20	1	40	3	8	10	4	7	-
3	30	1	45	3	8	20	4	12	-
3	40	1	50	3	8	30	4	17	1
3	50	1	56	-	8	40	4	22	1
4	-	2	1	-	8	50	4	27	1
4	10	2	6	-	9	-	4	32	1
4	20	2	11	-	9	10	4	37	1
4	30	2	16	-	9	20	4	42	2
4	40	2	21	-	9	30	4	47	2
4	50	2	26	1	9	40	4	52	2
5	-	2	31	1	9	50	4	57	2
5	10	2	36	1	10	-	5	2	2
5	20	2	41	1	10	10	5	7	2
5	30	2	46	1	10	20	5	12	3
5	40	2	51	2	10	30	5	17	3
5	50	2	56	2	10	40	5	22	3
6	-	3	1	2	10	50	5	27	3
6	10	3	6	2	11	-	5	32	3
6	20	3	11	2	11	10	5	37	3
6	30	3	16	2	11	20	5	43	-
6	40	3	21	3	11	30	5	48	-

Dises Ambt hat auch ein Achtel, und den Napf, welches sich in der Münchner Mässeren erprobet, als wie hieunten stehet bey

		Waitz, und Korn.			
Achtel.	Napf.	Schaffl.	Metzen.	Viertl.	Sechzehtl
-	1	-	-	1	$2\frac{1}{4}$
-	2	-	-	3	$-\frac{1}{2}$
-	3	-	1	-	$2\frac{3}{4}$
-	4	-	1	2	1 -
-	5	-	1	3	$3\frac{1}{4}$
-	6	-	2	1	$1\frac{1}{2}$
-	7	-	2	2	$3\frac{3}{4}$
1	-	-	3	-	2 -
2	-	1	-	1	-
3	-	1	3	1	2
4	-	2	-	2	-
5	-	2	3	2	2
6	-	3	-	3	-
7	-	3	3	3	2
8	-	4	1	-	-
9	-	4	4	-	2
10	-	5	4	1	-
11	-	5	4	1	2
12	-	6	1	2	-
13	-	6	4	2	2
14	-	7	1	3	-
15	-	7	4	3	2
16	-	8	2	-	-
17	-	8	5	-	2
18	-	9	2	1	-
19	-	9	5	1	2

Gersten.

Zu der Gersten ist ein anders sogenanntes rauches Achtel, und derley Napf gebrauchet, beedes aber in der Münchner Mässerey nachstehendergestalten befunden worden.

Gersten.

Achtel.	Napf.	Schaffl.	Metzen.	Viertling	Sechzehtl
–	1	–	–	1	3
–	2	–	–	3	2
–	3	–	1	1	1
–	4	–	1	3	–
–	5	–	2	–	3
–	6	–	2	2	2
–	7	–	3	–	1
1	–	–	3	2	–
2	–	1	1	–	–
3	–	1	4	2	–
4	–	2	2	–	–
5	–	2	5	2	–
6	–	3	3	–	–
7	–	4	–	2	–
8	–	4	4	–	–
9	–	5	1	2	–
10	–	5	5	–	–
11	–	6	2	2	–
12	–	7	–	–	–
13	–	7	3	2	–
14	–	8	1	–	–
15	–	8	4	2	–
16	–	9	2	–	–
17	–	9	5	2	–
18	–	10	3	–	–
19	–	11	–	2	–

Habern.

Bey dem Habern würdet das Gersten-Achtel, und die Napf beobachtet, so daß es bey dem Münchner Schaffl nur auf Eintheilung des 7ten Metzen dißorths ankommet.

Habern.

Achtel.	Napf.	Schaffl	Metzen	Viertling	Sechzehtl
1	-	-	3	2	-
2	-	1	-	-	-
3	-	1	3	2	-
4	-	2	-	-	-
5	-	2	3	2	-
6	-	3	-	-	-
7	-	3	3	2	-
8	-	4	-	-	-
9	-	4	3	2	-
10	-	5	-	-	-
11	-	5	3	2	-
12	-	6	-	-	-
13	-	6	3	2	-
14	-	7	-	-	-
15	-	7	3	2	-
16	-	8	-	-	-
17	-	8	3	2	-
18	-	9	-	-	-
19	-	9	3	2	-
20	-	10	-	-	-
30	-	15	-	-	-
40	-	20	-	-	-
50	-	25	-	-	-
60	-	30	-	-	-
70	-	35	-	-	-
80	-	40	-	-	-

Uber das Muracher Achtel.

Waitz.

Schl. Waitz.		Achtel.			Schl. Waitz.		Achtel.		
fl.	kr.	fl.	kr.	pf.	fl.	kr.	fl.	kr.	pf.
6	-	3	7	2	10	30	5	28	-
6	10	3	12	2	10	40	5	33	1
6	20	3	17	3	10	50	5	38	2
6	30	3	23	-	11	-	5	43	3
6	40	3	28	1	11	10	5	48	3
6	50	3	33	2	11	20	5	54	-
7	-	3	38	3	11	30	5	59	1
7	10	3	43	3	11	40	6	4	2
7	20	3	49	-	11	50	6	9	3
7	30	3	54	1	12	-	6	15	-
7	40	3	59	2	12	10	6	20	-
7	50	4	4	3	12	20	6	25	1
8	-	4	10	-	12	30	6	30	2
8	10	4	15	-	12	40	6	35	3
8	20	4	20	1	12	50	6	41	-
8	30	4	25	2	13	-	6	46	1
8	40	4	30	3	13	10	6	51	1
8	50	4	36	-	13	20	6	56	2
9	-	4	41	1	13	30	7	1	3
9	10	4	46	1	13	40	7	7	-
9	20	4	51	2	13	50	7	12	1
9	30	4	56	3	14	-	7	17	2
9	40	5	2	-	14	10	7	22	2
9	50	5	7	1	14	20	7	27	3
10	-	5	12	2	14	30	7	33	-
10	10	5	17	2	14	40	7	38	1
10	20	5	22	-	14	50	7	43	2

Schl. Korn.		Achtel			Schl. Korn.		Achtel		
fl.	kr.	fl.	kr.	pf.	fl.	kr.	fl.	kr.	pf.
3	-	1	33	3	7	50	4	4	3
3	10	1	38	3	8	-	4	10	-
3	20	1	44	-	8	10	4	15	-
3	30	1	49	1	8	20	4	20	1
3	40	1	54	2	8	30	4	25	2
3	50	1	59	3	8	40	4	30	3
4	-	2	5	-	8	50	4	36	-
4	10	2	10	-	9	-	4	41	1
4	20	2	15	1	9	10	4	46	1
4	30	2	20	2	9	20	4	51	2
4	40	2	25	3	9	30	4	56	3
4	50	2	31	-	9	40	5	2	-
5	-	2	36	1	9	50	5	7	1
5	10	2	41	1	10	-	5	12	2
5	20	2	46	2	10	10	5	17	2
5	30	2	51	3	10	20	5	22	3
5	40	2	57	-	10	30	5	28	-
5	50	3	2	1	10	40	5	33	1
6	-	3	7	2	10	50	5	38	2
6	10	3	12	2	11	-	5	43	3
6	20	3	17	3	11	10	5	48	3
6	30	3	23	-	11	20	5	54	-
6	40	3	28	1	11	30	5	59	1
6	50	3	33	2	11	40	6	4	2
7	-	3	38	3	11	50	6	9	3
7	10	3	43	3	12	-	6	15	-
7	20	3	49	-	12	10	6	20	-
7	30	3	54	1	12	20	6	25	1
7	40	3	59	2	12	30	6	30	2

Schl. Gersten		Achtel.			Schl. Gersten		Achtel.		
fl.	kr.	fl.	kr.	pf.	fl.	kr.	fl.	kr.	pf.
3	-	1	45	-	7	50	4	34	-
3	10	1	50	2	8	-	4	40	-
3	20	1	56	2	8	10	4	45	3
3	30	2	2	2	8	20	4	51	2
3	40	2	8	1	8	30	4	57	2
3	50	2	14	-	8	40	5	3	1
4	-	2	20	-	8	50	5	9	-
4	10	2	25	3	9	-	5	15	-
4	20	2	31	2	9	10	5	20	3
4	30	2	37	2	9	20	5	26	2
4	40	2	43	1	9	30	5	32	2
4	50	2	49	-	9	40	5	38	1
5	-	2	55	-	9	50	5	44	-
5	10	3	-	3	10	-	5	50	-
5	20	3	6	2	10	10	5	55	3
5	30	3	12	2	10	20	6	1	2
5	40	3	18	1	10	30	6	7	2
5	50	3	24	-	10	40	6	13	1
6	-	3	30	-	10	50	6	19	-
6	10	3	35	3	11	-	6	25	-
6	20	3	41	2	11	10	6	30	3
6	30	3	47	2	11	20	6	36	2
6	40	3	53	1	11	30	6	42	2
6	50	3	59	-	11	40	6	48	1
7	-	4	5	-	11	50	6	54	-
7	10	4	10	3	12	-	7	-	-
7	20	4	16	2	12	10	7	5	3
7	30	4	22	2	12	20	7	11	2
7	40	4	28	1	12	30	7	17	2

Schl. Habern		Achtel			Schl. Habern		Achtel		
fl.	kr.	fl.	kr.	pf.	fl.	kr.	fl.	kr.	pf.
2	.	1	-	-	6	50	3	25	-
2	10	1	5	-	7	.	3	30	-
2	20	1	10	-	7	10	3	35	-
2	30	1	15	-	7	20	3	40	-
2	40	1	20	-	7	30	3	45	-
2	50	1	25	-	7	40	3	50	-
3	.	1	30	-	7	50	3	55	-
3	10	1	35	-	8	-	4	-	.
3	20	1	40	-	8	10	4	5	.
3	30	1	45	-	8	20	4	10	.
3	40	1	50	-	8	30	4	15	.
3	50	1	55	-	8	40	4	20	.
4	.	2	-	-	8	50	4	25	.
4	10	2	5	-	9	.	4	30	.
4	20	2	10	-	9	10	4	35	.
4	30	2	15	-	9	20	4	40	.
4	40	2	20	-	9	30	4	45	.
4	50	2	25	-	9	40	4	50	.
5	.	2	30	-	9	50	4	55	.
5	10	2	35	-	10	.	5	-	.
5	20	2	40	-	10	10	5	5	-
5	30	2	45	.	10	20	5	10	-
5	40	2	50	-	10	30	5	15	-
5	50	2	55	-	10	40	5	20	-
6	.	3	-	-	10	50	5	25	-
6	10	3	5	-	11	-	5	30	-
6	20	3	10	-	11	10	5	35	-
6	30	3	15	.	11	20	5	40	-
6	40	3	20	-	11	30	5	45	-

An difen Ort ift die Haupt-Mässerey Metzen, die Minuto-Theile hingegen Dreyling, und Vierling genannt, welche fich in der Münchner Mässerey nachftehendermaffen verhaltet, als in Waitz, Korn und Kern.

Bey berley Getraid-Sorten werden auf 1. Neumarcker Metzen 3. Dreyling, oder aber 4. dortige Vierling gerechnet.

Waitz, Korn und Kern.

Metzen.	Dreyling	Schaffl.	Metzen.	Vierling.	Sechzehtl
-	1	-	-	1	$2\frac{1}{4}$
-	2	-	-	3	-$\frac{3}{4}$
1	-	-	1	-	3 -
-	Viertl 1	-	-	1	-$\frac{3}{4}$
-	2	-	-	2	$1\frac{1}{2}$
-	3	-	-	3	$2\frac{1}{4}$
1	-	-	1	-	3 -
2	-	-	2	1	2 -
3	-	-	3	2	1 -
4	-	-	4	3	-
5	-	-	5	3	3 -
6	-	1	1	-	2 -
7	-	1	2	1	1 -
8	-	1	3	-	-
9	-	1	4	2	3
0	-	1	5	3	2
1	-	2	1	-	1
2	-	2	2	1	-
3	-	2	3	1	3
4	-	2	4	2	2
5	-	2	5	3	1
6	-	3	1	-	-
7	-	3	2	-	3
8	-	3	3	1	2

Gersten.

Zu der Gersten würdet dort selbst der rauche Metzen, worauf 4. Dreyling gerechnet werden, gebrauchet, und hat sich in der Münchner Mässerey also verificiret.

Gersten.

Metzen	Dreyling	Schaffl.	Metzen	Viertling	Sechziehtl
-	1	-	-	1	2½
-	2	-	-	3	1 -
-	3	-	1	-	3½
1	-	-	1	2	2 -
2	-	-	3	1	-
3	-	-	4	3	2
4	-	1	-	2	-
5	-	1	2	-	2
6	-	1	3	3	-
7	-	1	5	1	2
8	-	2	1	-	-
9	-	2	2	2	2
10	-	2	4	1	-
11	-	2	5	3	2
12	-	3	1	2	-
13	-	3	3	-	2
14	-	3	4	3	-
15	-	4	-	1	2
16	-	4	2	-	-
17	-	4	3	2	2
18	-	4	5	1	-
19	-	5	-	3	2
20	-	5	2	2	-
30	-	8	-	3	-
40	-	10	5	-	-

Habern.

Ist mit dem Gersten Maaß durchgehends verstanden, und nur bey dem Schaffl mit dem 7ten Metzen eingetheilet.

Habern.

Metzen	Drenling		Schaffl.	Metzen	Viertling	Sechzehtl
1	·		·	1	2	2
2	·		·	3	1	-
3	·		·	4	3	2
4	·		·	6	2	-
5	-		1	1	-	2
6	·		1	2	3	-
7	-		1	4	1	2
8	-		1	6	-	-
9	·		2	-	2	2
10	·		2	2	1	-
11	-		2	3	3	2
12	-		2	5	2	-
13	-		3	-	-	2
14	·		3	1	3	-
15	·		3	3	1	2
16	·		3	5	-	-
17	-		3	6	2	2
18	-		4	1	1	-
19	·		4	2	3	2
20	·		4	4	2	-
30	·		6	6	3	-
40	-		9	2	-	-
50	·		11	4	1	-
60	·		13	6	2	-
70	·		16	1	3	-
80	·		18	4	-	-
90	-		20	6	1	-

Waitz.

Schl. Waitz.		Metzen			Schl. Waitz.		Metzen		
fl.	kr.	fl.	kr.	pf.	fl.	kr.	fl.	kr.	pf.
6	-	1	11	1	10	40	2	6	2
6	10	1	13	-	10	50	2	8	2
6	20	1	15	•	11	-	2	10	2
6	30	1	17	-	11	10	2	12	2
6	40	1	19	-	11	20	2	14	2
6	50	1	21	-	11	30	2	16	2
7	-	1	23	-	11	40	2	18	2
7	10	1	25	-	11	50	2	20	2
7	20	1	27	-	12	-	2	22	2
7	30	1	29	•	12	10	2	24	1
7	40	1	31	•	12	20	2	26	1
7	50	1	33	•	12	30	2	28	1
8	-	1	35	-	12	40	2	30	1
8	10	1	36	3	12	50	2	32	1
8	20	1	38	3	13	-	2	34	1
8	30	1	40	3	13	10	2	36	1
8	40	1	42	3	13	20	2	38	1
8	50	1	44	3	13	30	2	40	1
9	-	1	46	3	13	40	2	42	1
9	10	1	48	3	13	50	2	44	1
9	20	1	50	3	14	-	2	46	1
9	30	1	52	3	14	10	2	48	-
9	40	1	54	3	14	20	2	50	-
9	50	1	56	3	14	30	2	52	-
10	-	1	58	3	14	40	2	54	-
10	10	2	•	2	14	50	2	56	-
10	20	2	2	2	15	-	2	58	-
10	30	2	4	2	15	10	3	-	-

Schl. Korn.		Metzen.			Schl. Korn.		Metzen		
fl.	kr.	fl.	kr.	pf.	fl.	kr.	fl.	kr.	pf.
3	-	·	35	2	7	40	1	31	-
3	10	·	37	2	7	50	1	33	-
3	20	·	39	2	8	-	1	35	-
3	30	-	41	2	8	10	1	36	3
3	40	-	43	2	8	20	1	38	3
3	50	-	45	2	8	30	1	40	3
4	-	·	47	2	8	40	1	42	3
4	10	·	49	1	8	50	1	44	3
4	20	·	51	1	9	-	1	46	3
4	30	·	53	1	9	10	1	48	3
4	40	·	55	1	9	20	1	50	3
4	50	-	57	1	9	30	1	52	3
5	-	-	59	1	9	40	1	54	3
5	10	1	1	1	9	50	1	56	3
5	20	1	3	1	10	-	1	58	3
5	30	1	5	1	10	10	2	-	2
5	40	1	7	1	10	20	2	2	2
5	50	1	9	1	10	30	2	4	2
6	-	1	11	1	10	40	2	6	2
6	10	1	13	-	10	50	2	8	2
6	20	1	15	-	11	-	2	10	2
6	30	1	17	-	11	10	2	12	2
6	40	1	19	-	11	20	2	14	2
6	50	1	21	-	11	30	2	16	2
7	-	1	23	-	11	40	2	18	2
7	10	1	25	-	11	50	2	20	2
7	20	1	27	-	12	-	2	22	2
7	30	1	29	-	12	10	2	24	1

Schl. Gersten		• Metzen.			Schl Gersten		• Metzen.		
fl.	kr.	fl.	kr.	pf.	fl.	kr.	fl.	kr.	pf.
3	-	-	48	3	7	50	2	7	1
3	10	-	51	1	8	-	2	10	-
3	20	-	54	-	8	10	2	12	2
3	30	-	56	3	8	20	2	15	1
3	40	-	59	2	8	30	2	18	-
3	50	1	2	1	8	40	2	20	3
4	-	1	5	-	8	50	2	23	2
4	10	1	7	2	9	-	2	26	1
4	20	1	10	1	9	10	2	28	3
4	30	1	13	-	9	20	2	31	2
4	40	1	15	3	9	30	2	34	1
4	50	1	18	2	9	40	2	37	-
5	-	1	21	1	9	50	2	39	3
5	10	1	23	3	10	-	2	42	2
5	20	1	26	2	10	10	2	45	-
5	30	1	29	1	10	20	2	47	3
5	40	1	32	-	10	30	2	50	2
5	50	1	34	3	10	40	2	53	1
6	-	1	37	2	10	50	2	56	-
6	10	1	40	-	11	-	2	58	3
6	20	1	42	3	11	10	3	1	1
6	30	1	45	2	11	20	3	4	-
6	40	1	48	1	11	30	3	6	3
6	50	1	51	-	11	40	3	9	2
7	-	1	53	3	11	50	3	12	1
7	10	1	56	1	12	-	3	15	-
7	20	1	59	-	12	10	3	17	2
7	30	2	1	3	12	20	3	20	1
7	40	2	4	2	12	30	3	23	-

Schl. Habern		Metzen			Schl. Habern		Metzen		
fl.	kr.	fl.	kr.	pf.	fl.	kr.	fl.	kr.	pf.
2	-	-	27	3	6	50	1	35	-
2	10	-	30	-	7	-	1	37	2
2	20	-	32	2	7	10	1	39	3
2	30	-	34	3	7	20	1	42	-
2	40	-	37	-	7	30	1	44	1
2	50	-	39	2	7	40	1	47	3
3	-	-	41	3	7	50	1	49	-
3	10	1	44	-	8	-	1	51	1
3	20	1	46	2	8	10	1	53	3
3	30	1	48	3	8	20	1	56	-
3	40	1	51	-	8	30	1	58	1
3	50	1	53	1	8	40	2	-	3
4	-	1	55	2	8	50	2	3	-
4	10	1	58	-	9	-	2	5	1
4	20	1	-	1	9	10	2	7	2
4	30	1	2	2	9	20	2	10	-
4	40	1	5	-	9	30	2	12	1
4	50	1	7	1	9	40	2	14	2
5	-	1	9	2	9	50	2	16	3
5	10	1	11	3	10	-	2	19	1
5	20	1	14	1	10	10	2	21	2
5	30	1	16	2	10	20	2	23	3
5	40	1	18	3	10	30	2	26	1
5	50	1	21	1	10	40	2	28	2
6	-	1	23	2	10	50	2	30	3
6	10	1	25	3	11	-	2	33	-
6	20	1	28	-	11	10	2	35	2
6	30	1	30	2	11	20	2	37	3
6	40	1	32	3	11	30	2	40	-

Daselbst ist auch ein sogenanntes Achtel, und der Napf-Het-kommen gewesen, welch beedes in der Münchner Mässerey sich bieunten bezeiget hat, als nemlich in glatten Achtel zu Waitz, und Korn.

Achtel.	Napf	Schäffl	Metzen.	Viertl	Sechzehtl
-	1	-	-	1	2
-	2	-	-	3	-
-	3	-	1	-	2
-	4	-	1	2	-
-	5	-	1	3	2
-	6	-	2	1	-
-	7	-	2	2	2
1	-	-	3	-	-
2	-	1	-	-	-
3	-	1	3	-	-
4	-	2	-	-	-
5	-	2	3	-	-
6	-	3	-	-	-
7	-	3	3	-	-
8	-	4	-	-	-
9	-	4	3	-	-
10	-	5	-	-	-
11	-	5	3	-	-
12	-	6	-	-	-
13	-	6	3	-	-
14	-	7	-	-	-
15	-	7	3	-	-
16	-	8	-	-	-
17	-	8	3	-	-
18	-	9	-	-	-
19	-	9	3	-	-
20	-	10	-	-	-

Gerſten.

Zu ſolchen Getraid-Sorten iſt ein anders, und ſogenanntes rauches Achtl, dann derley Napf gebrauchet, auch ſolche nachſtehend in die Münchner Mäſſerey reducirt worden.

Gerſten.

Achtl.	Napf	Schaffl.	Metzen	Viertling	Sechzehtl
-	1	-	-	1	$2\frac{3}{4}$
-	2	-	-	3	$1\frac{1}{2}$
-	3	-	1	1	$-\frac{1}{2}$
-	4	-	1	2	$3\frac{1}{4}$
-	5	-	2	-	2-
-	6	-	2	2	$-\frac{3}{4}$
-	7	-	2	3	$3\frac{3}{4}$
1	-	-	3	1	$2\frac{1}{2}$
2	-	1	-	3	1-
3	-	1	4	-	$3\frac{1}{2}$
4	-	2	1	2	2-
5	-	2	5	-	$-\frac{1}{5}$
6	-	3	2	1	3-
7	-	3	5	3	$1\frac{1}{2}$
8	-	4	3	1	-
9	-	5	-	2	$2\frac{2}{2}$
10	-	5	4	-	1-
11	-	6	1	1	$3\frac{1}{2}$
12	-	6	4	3	2-
13	-	7	2	1	$-\frac{1}{2}$
14	-	7	5	2	3-
15	-	8	3	-	$1\frac{1}{2}$

Habern.

Das Achtl, und die Napf seynd disorths mit dem Gersten
Maaß verstanden, und also nur beym Schaffl mit dem
7ten Metzen eingetheilet.

Habern.

Achtel.	Napf.	Schaffl.	Metzen	Viertling	Sechsschl.
1			3	1	$2\frac{1}{2}$
2			6	3	1 –
3		1	3	–	$3\frac{1}{2}$
4		1	6	2	2 –
5		2	3	–	$-\frac{1}{2}$
6		2	6	1	3 –
7		3	2	3	$1\frac{1}{3}$
8		3	6	1	–
9		4	2	2	$2\frac{1}{2}$
10		4	6	–	1 –
11		5	2	1	$3\frac{1}{3}$
12		5	5	3	27
13		6	2	1	$-\frac{1}{3}$
14		6	5	2	3 –
15		7	2	–	$1\frac{1}{2}$
16		7	5	2	–
17		8	1	3	$2\frac{1}{2}$
18		8	5	1	1 –
19		9	1	2	$3\frac{1}{2}$
20		9	5	–	2 –
30		14	4	–	3 –
40		19	3	1	–

Waitz.

Schl. Waitz.		Achtel.			Schl. Waitz.		Achtel.		
fl.	kr.	fl.	kr.	pf.	fl.	kr.	fl.	kr.	pf.
6	-	3	-	-	10	30	5	15	-
6	10	3	5	-	10	40	5	20	•
6	20	3	10	•	10	50	5	25	-
6	30	3	15	-	11	-	5	30	-
6	40	3	20	-	11	10	5	35	-
6	50	3	25	-	11	20	5	40	-
7	-	3	30	-	11	30	5	45	-
7	10	3	35	-	11	40	5	50	-
7	20	3	40	-	11	50	5	55	-
7	30	3	45	-	12	-	6	-	-
7	40	3	50	•	12	10	6	5	-
7	50	3	55	•	12	20	6	10	-
8	-	4	-	-	12	30	6	15	-
8	10	4	5	-	12	40	6	20	-
8	20	4	10	•	12	50	6	25	-
8	30	4	15	-	13	-	6	30	•
8	40	4	20	-	13	10	6	35	•
8	50	4	25	-	13	20	6	40	-
9	-	4	30	-	13	30	6	45	-
9	10	4	35	-	13	40	6	50	•
9	20	4	40	-	13	50	6	55	-
9	30	4	45	-	14	-	7	-	-
9	40	4	50	-	14	10	7	5	-
9	50	4	55	-	14	20	7	10	-
10	-	5	-	-	14	30	7	15	-
10	10	5	5	-	14	40	7	20	-
10	20	5	10	-	14	50	7	25	-

Schl. Korn.		Achtel.			Schl. Korn.		Achtel.		
fl.	kr.	fl.	kr.	pf.	fl.	kr.	fl.	kr.	pf.
3	-	1	20	-	7	50	3	55	-
3	10	1	35	-	8	-	4	-	-
3	20	1	40	-	8	10	4	5	-
3	30	1	45	-	8	20	4	10	-
3	40	1	50	-	8	30	4	15	-
3	50	1	55	-	8	40	4	20	-
4	-	2	-	-	8	50	4	25	-
4	10	2	5	-	9	-	4	30	-
4	20	2	10	-	9	10	4	35	-
4	30	2	15	-	9	20	4	40	-
4	40	2	20	-	9	30	4	45	-
4	50	2	25	-	9	40	4	50	-
5	-	2	30	-	9	50	4	55	-
5	10	2	35	-	10	-	5	-	-
5	20	2	40	-	10	10	5	5	-
5	30	2	45	-	10	20	5	10	-
5	40	2	50	-	10	30	5	15	-
5	50	2	55	-	10	40	5	20	-
6	-	3	-	-	10	50	5	25	-
6	10	3	5	-	11	-	5	30	-
6	20	3	10	-	11	10	5	35	-
6	30	3	15	-	11	20	5	40	-
6	40	3	20	-	11	30	5	45	-
6	50	3	25	-	11	40	5	50	-
7	-	3	30	-	11	50	5	55	-
7	10	3	35	-	12	-	6	-	-
7	20	3	40	-	12	10	6	5	-
7	30	3	45	-	12	20	6	10	-
7	40	3	50	-	12	30	6	15	-

Schl.Gersten		Achtel			Schl.Gersten		Achtel		
fl.	kr.	fl.	kr.	pf.	fl.	kr.	fl.	kr.	pf.
3	-	1	42	-	7	50	4	26	3
3	10	1	47	3	8	-	4	32	2
3	20	1	53	2	8	10	4	38	-
3	30	1	59	-	8	20	4	43	3
3	40	2	4	3	8	30	4	49	2
3	50	2	10	2	8	40	4	55	-
4	-	2	16	1	8	50	5	-	3
4	10	2	21	3	9	-	5	6	2
4	20	2	27	2	9	10	5	12	-
4	30	2	33	1	9	20	5	17	3
4	40	2	38	3	9	30	5	23	2
4	50	2	44	2	9	40	5	29	-
5	-	2	50	1	9	50	5	34	3
5	10	2	55	3	10	-	5	40	2
5	20	3	1	2	10	10	5	46	1
5	30	3	7	1	10	20	5	51	3
5	40	3	13	-	10	30	5	57	2
5	50	3	18	2	10	40	6	3	1
6	-	3	24	1	10	50	6	9	-
6	10	3	30	-	11	-	6	14	2
6	20	3	35	2	11	10	6	20	1
6	30	3	41	1	11	20	6	26	-
6	40	3	47	-	11	30	6	31	2
6	50	3	52	2	11	40	6	37	1
7	-	3	58	1	11	50	6	43	-
7	10	4	4	-	12	-	6	48	3
7	20	4	9	3	12	10	6	54	1
7	30	4	15	1	12	20	7	-	-
7	40	4	21	-	12	30	7	5	3

Schl. Habern		Achtel			Schl. Habern				
fl.	kr.	fl.	kr.	pf.	fl.	kr.	fl.	kr.	pf.
2	-	-	58	1	6	50	3	19	2
2	10	1	3	1	7	-	3	24	1
2	20	1	8	-	7	10	3	29	-
2	30	1	12	3	7	20	3	34	-
2	40	1	17	3	7	30	3	38	3
2	50	1	22	2	7	40	3	43	3
3	-	1	27	2	7	50	3	48	2
3	10	1	32	1	8	-	3	53	2
3	20	1	37	1	8	10	3	58	1
3	30	1	42	-	8	20	4	3	1
3	40	1	47	-	8	30	4	8	-
3	50	1	51	3	8	40	4	13	-
4	-	1	56	3	8	50	4	17	3
4	10	2	1	2	9	-	4	22	3
4	20	2	6	2	9	10	4	27	2
4	30	2	11	1	9	20	4	32	2
4	40	2	16	1	9	30	4	37	1
4	50	2	21	-	9	40	4	42	1
5	-	2	25	3	9	50	4	47	-
5	10	2	30	3	10	-	4	51	3
5	20	2	35	2	10	10	4	56	3
5	30	2	40	2	10	20	5	1	3
5	40	2	45	1	10	30	5	6	2
5	50	2	50	1	10	40	5	11	2
6	-	2	55	-	10	50	5	16	1
6	10	3	-	-	11	-	5	21	1
6	20	3	4	3	11	10	5	26	-
6	30	3	9	3	11	20	5	30	3
6	40	3	14	2	11	30	5	35	3

Dieses Ambt führet auch eine sogenannte Achtel-Mässerey, welche in der Münchner Mässeren sich nachfolgend bezeiget hat, als bey
Waitz, und Korn.
Dißorths werden auf ein Neunburger Achtl 12. sogenannte Metzen gerechnet.

Waitz, und Korn.

Achtel.	Metzen.	Schaffl.	Metzen.	Vierling	Sechzehtl
-	1	-	-	1	- 3/4
-	2	-	-	2	1 3/4
-	3	-	-	3	2 3/4
•	4	-	1	-	3 3/4
-	5	-	1	2	- 1/2
•	6	-	1	3	1 1/2
•	7	-	2	-	2 1/4
•	8	-	2	1	3 1/4
•	9	-	2	3	- 3/4
-	10	-	3	-	1 -
-	11	-	3	1	2
1	-	-	3	2	3
2	-	1	1	1	2
3	-	1	5	-	1
4	-	2	2	3	-
5	-	3	-	1	3
6	-	3	4	-	2
7	-	4	1	3	1
8	-	4	5	2	-
9	-	5	3	-	3
10	-	6	-	3	2
11	-	6	4	2	1
12	-	7	2	1	-

Gerſten.

Das Achtl zu 13. Metzen, maſſen auf das Waitz, und Korn gebrauchendes Achtl noch ein Amberger Metzen gerechnet,
und alſo dadurch ein dort ſelbſt gewohnliches Gerſten-
Achtl hergeſtellt wurdet.

Gerſten.

Achtl.	Metzen.	Schaffl.	Metzen.	Viertling	Sechzehtl
1	-	-	4	-	-
2	-	1	2	-	-
3	-	2	-	-	-
4	-	2	4	-	-
5	-	3	2	-	-
6	-	4	-	-	-
7	-	4	4	-	-
8	-	5	2	-	-
9	-	6	-	-	-
10	-	6	4	-	-
11	-	7	2	-	-
12	-	8	-	-	-
13	-	8	4	-	-
14	-	9	2	-	-
15	-	10	-	-	-
16	-	10	4	-	-
17	-	11	2	-	-
18	-	12	-	-	-
19	-	12	4	-	-
20	-	13	2	-	-
30	-	20	-	-	-
40	-	26	4	-	-
50	-	33	2	-	-
60	-	40	-	-	-
70	-	46	4	-	-

Habern.

Das Achtl zu 14. Metzen, gestalten auf gemeldt» zu Waitz und Korn gebrauchendes Neunburger Achtl ad 12. Metzen, noch 2. Amberger Metzen zu Herstellung des Haber-Achtls genommen werden.

Habern.

Achtel.	Metzen.	Schaffl	Metzen.	Viertl	Sechzehtl
1	-	-	4	1	1
2	-	1	1	2	2
3	-	1	5	3	3
4	-	2	3	1	-
5	-	3	-	2	1
6	-	3	4	3	2
7	-	4	2	-	3
8	-	4	6	2	-
9	-	5	3	3	1
10	-	6	1	-	2
11	-	6	5	1	3
12	-	7	2	3	-
13	-	8	-	-	1
14	-	8	4	1	2
15	-	9	1	2	3
16	-	9	6	-	-
17	-	10	3	1	1
18	-	11	-	2	2
19	-	11	4	3	3
20	-	12	2	1	-
30	-	18	3	1	2
40	-	24	4	2	-
50	-	30	5	2	2
60	-	36	6	3	-
70	-	43	-	3	2

Schl. Waitz.		Achtel.			Schl. Waitz.		Achtel.		
fl.	kr.	fl.	kr.	pf.	fl.	kr.	fl.	kr.	pf.
6	-	3	41	1	10	40	6	33	1
6	10	3	47	1	10	50	6	39	1
6	20	3	53	2	11	-	6	45	2
6	30	3	59	2	11	10	6	51	3
6	40	4	5	3	11	20	6	57	3
6	50	4	11	3	11	30	7	4	-
7	-	4	18	-	11	40	7	10	-
7	10	4	24	1	11	50	7	16	1
7	20	4	30	1	12	-	7	22	2
7	30	4	36	2	12	10	7	28	2
7	40	4	42	2	12	20	7	34	3
7	50	4	48	3	12	30	7	40	3
8	-	4	55	-	12	40	7	47	-
8	10	5	1	-	12	50	7	53	-
8	20	5	7	1	13	-	7	59	1
8	30	5	13	1	13	10	8	5	2
8	40	5	19	2	13	20	8	11	2
8	50	5	25	2	13	30	8	17	3
9	-	5	31	3	13	40	8	23	3
9	10	5	38	-	13	50	8	30	-
9	20	5	44	-	14	-	8	36	1
9	30	5	50	1	14	10	8	42	1
9	40	5	56	1	14	20	8	48	2
9	50	6	2	2	14	30	8	54	2
10	-	6	8	3	14	40	9	-	3
10	10	6	14	3	14	50	9	6	3
10	20	6	21	-	15	-	9	13	-
10	30	6	27	-	15	10	9	19	1

burger Achtl.   Korn.

| Schl. Korn. | | Achtel. | | | Schl. Korn. | | Achtel. | | |
fl.	kr.	fl.	kr.	pf.	fl.	kr.	fl.	kr.	pf.
3	-	1	50	2	7	40	4	42	2
3	10	1	56	3	7	50	4	48	3
3	20	2	2	3	8	-	4	55	3
3	30	2	9	-	8	10	5	1	-
3	40	2	15	•	8	20	5	7	1
3	50	2	21	1	8	30	5	13	1
4	•	2	27	2	8	40	5	19	2
4	10	2	33	2	8	50	5	25	2
4	20	2	39	3	9	-	5	31	3
4	30	2	45	3	9	10	5	38	-
4	40	2	52	-	9	20	5	44	-
4	50	2	58	-	9	30	5	50	1
5	•	3	4	1	9	40	5	56	1
5	10	3	10	2	9	50	6	2	2
5	20	3	16	2	10	-	6	8	3
5	30	3	22	3	10	10	6	14	3
5	40	3	28	3	10	20	6	21	•
5	50	3	35	-	10	30	6	27	-
6	-	3	41	1	10	40	6	33	1
6	10	3	47	1	10	50	6	39	1
6	20	3	53	2	11	-	6	45	2
6	30	3	59	2	11	10	6	51	3
6	40	4	5	3	11	20	6	57	3
6	50	4	11	3	11	30	7	4	-
7	•	4	18	-	11	40	7	10	-
7	10	4	24	1	11	50	7	16	1
7	20	4	30	1	12	-	7	22	2
7	30	4	36	2	12	10	7	28	2

Schl. Gersten		Achtel.			Schl. Gersten		Achtel.		
fl.	kr.	fl.	kr.	pf.	fl.	kr.	fl.	kr.	pf.
3	-	2	-	-	7	50	5	13	1
3	10	2	6	2	8	-	5	20	-
3	20	2	13	1	8	10	5	26	2
3	30	2	20	-	8	20	5	33	1
3	40	2	26	2	8	30	5	40	-
3	50	2	33	1	8	40	5	46	2
4	-	2	40	-	8	50	5	53	1
4	10	2	46	2	9	-	6	-	-
4	20	2	53	1	9	10	6	6	2
4	30	3	-	-	9	20	6	13	1
4	40	3	6	2	9	30	6	20	-
4	50	3	13	1	9	40	6	26	2
5	-	3	20	-	9	50	6	33	1
5	10	3	26	2	10	-	6	40	-
5	20	3	33	1	10	10	6	46	2
5	30	3	40	-	10	20	6	53	1
5	40	3	46	2	10	30	7	-	-
5	50	3	53	1	10	40	7	6	2
6	-	4	-	-	10	50	7	13	1
6	10	4	6	2	11	-	7	20	-
6	20	4	13	1	11	10	7	26	2
6	30	4	20	-	11	20	7	33	1
6	40	4	26	2	11	30	7	40	-
6	50	4	33	1	11	40	7	46	2
7	-	4	40	-	11	50	7	53	1
7	10	4	46	2	12	-	8	-	-
7	20	4	53	1	12	10	8	6	2
7	30	5	-	-	12	20	8	13	1
7	40	5	6	2	12	30	8	20	-

Schl. Habern		Achtel			Schl. Habern		Achtel		
fl.	kr.	fl.	kr.	pf.	fl.	kr.	fl.	kr.	pf.
2	-	1	13	3	6	50	4	12	2
2	10	1	20	.	7	-	4	18	3
2	20	1	26	1	7	10	4	24	3
2	30	1	32	1	7	20	4	31	-
2	40	1	38	2	7	30	4	37	-
2	50	1	44	2	7	40	4	43	1
3	-	1	50	3	7	50	4	49	2
3	10	1	57	-	8	-	4	55	2
3	20	2	3	-	8	10	5	1	3
3	30	2	9	1	8	20	5	8	-
3	40	2	15	2	8	30	5	14	-
3	50	2	21	2	8	40	5	20	1
4	-	2	27	3	8	50	5	26	2
4	10	2	34	-	9	-	5	32	2
4	20	2	40	-	9	10	5	38	3
4	30	2	46	1	9	20	5	45	-
4	40	2	52	2	9	30	5	51	-
4	50	2	58	2	9	40	5	57	1
5	-	3	4	3	9	50	6	3	1
5	10	3	10	3	10	-	6	9	2
5	20	3	17	-	10	10	6	15	3
5	30	3	23	1	10	20	6	21	3
5	40	3	29	1	10	30	6	28	-
5	50	3	35	2	10	40	6	34	1
6	-	3	41	3	10	50	6	40	1
6	10	3	47	3	11	-	6	46	2
6	20	3	54	-	11	10	6	52	3
6	30	4	-	1	11	20	6	58	3
6	40	4	6	1	11	30	7	5	-

Pfreimbt.

An disen Ort ist auch ein sogenanntes Achtl Herkommen gewesen, welches sich samt seinen Napfen in der Mün..hner Mässerey bezeiget, als bey dem Achtl zu

Waitz, und Korn.

Achtl.	Napf.	Schaffl.	Metzen	Viertling	Sechzel
-	1	-	-	1	$2\frac{1}{4}$
-	2	-	-	3	$-\frac{1}{2}$
-	3	-	1	-	$2\frac{3}{4}$
-	4	-	1	2	1 -
-	5	-	1	3	$3\frac{1}{4}$
-	6	-	2	1	$1\frac{1}{2}$
-	7	-	2	2	$3\frac{3}{4}$
1	-	-	3	-	2
2	-	1	-	1	-
3	-	1	3	1	2
4	-	2	-	2	-
5	-	2	3	2	2
6	-	3	-	3	-
7	-	3	3	3	2
8	-	4	1	-	-
9	-	4	4	-	2
10	-	5	1	1	-
11	-	5	4	1	2
12	-	6	1	2	-
13	-	6	4	2	2
14	-	7	1	3	-
15	-	7	4	3	2
16	-	8	2	-	-
17	-	8	5	-	2
18	-	9	2	1	-
19	-	9	5	1	2

Gersten.

Zu der Gersten würdet ein sogenanntes rauches Achtl, und derley Napf gebrauchet, welch beedes aber in die Münchner Mässerey, wie hie unten stehet, reducirt worden.

Gersten.

Achtl.	Napf.	Schaffl.	Metzen	Viertling	Sechzehtl
-	1	-	-	1	3 -
-	2	-	-	3	1¾
-	3	-	1	1	-¾
-	4	-	1	2	3¾
-	5	-	2	-	2¾
-	6	-	2	2	1½
-	7	-	3	-	-½
1	-	-	3	1	3½
2	-	1	-	3	3 -
3	-	1	4	1	2½
4	-	2	1	3	2 -
5	-	2	5	1	1½
6	-	3	2	3	1 -
7	-	4	-	1	-½
8	-	4	3	3	-
9	-	5	1	-	3½
10	-	5	4	2	3 -
11	-	6	2	-	2½
12	-	6	5	2	2 -
13	-	7	3	-	1½
14	-	8	-	2	1 -
15	-	8	4	-	-½

Habern.

Der Habern hat kein anders, als das bey der Gersten gebrau chendes Achtel, mithin es bey dem Schaffl nur auf die Eintheilung des 7ten Metzen ankommet.

Habern.

Achtel.	Navf	Schaffl	Metzen	Viertling	Sechzehtl
1	-	-	3	1	$3\frac{1}{2}$
2	-	-	6	3	3-
3	-	1	3	1	$2\frac{1}{2}$
4	-	1	6	3	2-
5	-	2	3	1	$1\frac{1}{2}$
6	-	2	6	3	1-
7	-	3	3	1	$\frac{1}{2}$
8	-	3	6	3	-
9	-	4	3	-	$3\frac{1}{2}$
10	-	4	6	2	3-
11	-	5	3	-	$2\frac{1}{2}$
12	-	5	6	2	2-
13	-	6	3	-	$1\frac{1}{2}$
14	-	6	6	2	1-
15	-	7	3	-	$\frac{1}{2}$
16	-	7	6	2	-
17	-	8	2	3	$3\frac{1}{2}$
18	-	8	6	1	3-
19	-	9	2	3	$2\frac{1}{2}$
20	-	9	6	1	2-
30	-	14	6	-	1
40	-	19	5	3	-

Uber das Pfreimbter Achtel.
Waitz.

Schl. Waitz.		Achtel			Schl. Waitz.		Achtel		
fl.	kr.	fl.	kr.	pf.	fl.	kr.	fl.	kr.	pf.
6	-	3	7	2	10	30	5	28	-
6	10	3	12	2	10	40	5	33	5
6	20	3	17	3	10	50	5	38	2
6	30	3	23	-	11	-	5	43	3
6	40	3	28	1	11	10	5	48	3
6	50	3	33	2	11	20	5	54	-
7	-	3	38	3	11	30	5	59	1
7	10	3	43	3	11	40	6	4	2
7	20	3	49	-	11	50	6	9	3
7	30	3	54	1	12	-	6	15	-
7	40	3	59	2	12	10	6	20	-
7	50	4	4	3	12	20	6	25	1
8	-	4	10	-	12	30	6	30	2
8	10	4	15	-	12	40	6	35	3
8	20	4	20	1	12	50	6	41	-
8	30	4	25	2	13	-	6	46	1
8	40	4	30	3	13	10	6	51	1
8	50	4	36	-	13	20	6	56	2
9	-	4	41	1	13	30	7	1	3
9	10	4	46	1	13	40	7	7	-
9	20	4	51	2	13	50	7	12	1
9	30	4	56	3	14	-	7	17	2
9	40	5	2	-	14	10	7	22	2
9	50	5	7	1	14	20	7	27	3
10	-	5	12	2	14	30	7	33	-
10	10	5	17	2	14	40	7	38	1
10	20	5	22	3	14	50	7	43	2

Schl. Korn.		Achtel.			Schl. Korn		Achtel.		
fl.	kr.	fl.	kr.	pf.	fl.	kr.	fl.	kr.	pf.
3	-	1	33	3	7	50	4	4	3
3	10	1	38	3	8	-	4	10	-
3	20	1	44	-	8	10	4	15	-
3	30	1	49	1	8	20	4	20	1
3	40	1	54	2	8	30	4	25	2
3	50	1	59	3	8	40	4	30	3
4	-	2	5	-	8	50	4	36	-
4	10	2	10	-	9	-	4	41	1
4	20	2	15	1	9	10	4	46	1
4	30	2	20	2	9	20	4	51	2
4	40	2	25	3	9	30	4	56	3
4	50	2	31	-	9	40	5	2	-
5	-	2	36	1	9	50	5	7	1
5	10	2	41	1	10	-	5	12	2
5	20	2	46	2	10	10	5	17	2
5	30	2	51	3	10	20	5	22	3
5	40	2	57	-	10	30	5	28	-
5	50	3	2	1	10	40	5	33	1
6	-	3	7	2	10	50	5	38	2
6	10	3	12	2	11	-	5	43	3
6	20	3	17	3	11	10	5	48	3
6	30	3	23	-	11	20	5	54	-
6	40	3	28	1	11	30	5	59	1
6	50	3	33	2	11	40	6	4	2
7	-	3	38	3	11	50	6	9	3
7	10	3	43	3	12	-	6	15	-
7	20	3	49	-	12	10	6	20	-
7	30	3	54	1	12	20	6	25	1
7	40	3	59	2	12	30	6	30	2

| Schl.Gerſten | | Achtel. | | | Schl.Gerſten | | Achtel. | | |
fl.	kr.	fl.	kr.	pf.	fl.	kr.	fl.	kr.	pf.
3	-	1	44	-	7	50	4	31	2
3	10	1	49	3	8	-	4	37	2
3	20	1	55	2	8	10	4	43	1
3	30	2	1	1	8	20	4	49	-
3	40	2	7	-	8	30	4	54	3
3	50	2	12	3	8	40	5	-	2
4	-	2	18	3	8	50	5	6	1
4	10	2	24	2	9	-	5	12	-
4	20	2	30	1	9	10	5	17	3
4	30	2	36	-	9	20	5	23	3
4	40	2	41	3	9	30	5	29	2
4	50	2	47	2	9	40	5	35	1
5	-	2	53	1	9	50	5	41	-
5	10	2	59	-	10	-	5	46	3
5	20	3	5	-	10	10	5	52	2
5	30	3	10	3	10	20	5	58	1
5	40	3	16	2	10	30	6	4	-
5	50	3	22	1	10	40	6	9	3
6	-	3	28	-	10	50	6	15	3
6	10	3	33	3	11	-	6	21	2
6	20	3	39	2	11	10	6	27	1
6	30	3	45	1	11	20	6	33	-
6	40	3	51	1	11	30	6	38	3
6	50	3	57	-	11	40	6	44	2
7	-	4	2	3	11	50	6	50	1
7	10	4	8	2	12	-	6	56	1
7	20	4	14	1	12	10	7	2	-
7	30	4	20	-	12	20	7	7	3
7	40	4	25	3	12	30	7	13	2

Schl. Habern		Achtel			Schl. Habern				
fl.	kr.	fl.	kr.	pf.	fl.	kr.	fl.	kr.	
2	.	.	59	1	6	50	3	23	-
2	10	1	4	1	7	.	3	28	-
2	20	1	9	1	7	10	3	33	-
2	30	1	14	1	7	20	3	38	-
2	40	1	19	1	7	30	3	42	3
2	50	1	24	-	7	40	3	47	3
3	.	1	29	.	7	50	3	52	3
3	10	1	34	-	8	-	3	57	3
3	20	1	39	-	8	10	4	2	3
3	30	1	44	-	8	20	4	7	3
3	40	1	49	-	8	30	4	12	2
3	50	1	53	3	8	40	4	17	2
4	.	1	58	3	8	50	4	22	2
4	10	2	3	3	9	.	4	27	2
4	20	2	8	3	9	10	4	32	2
4	30	2	13	3	9	20	4	37	2
4	40	2	18	3	9	30	4	42	1
4	50	2	23	2	9	40	4	47	1
5	.	2	28	2	9	50	4	52	1
5	10	2	33	2	10	-	4	57	1
5	20	2	38	2	10	10	5	2	1
5	30	2	43	2	10	20	5	7	-
5	40	2	48	1	10	30	5	12	-
5	50	2	53	1	10	40	5	17	-
6	.	2	58	1	10	50	5	22	-
6	10	3	3	1	11	.	5	27	-
6	20	3	8	1	11	10	5	32	-
6	30	3	13	1	11	20	5	36	3
6	40	3	18	-	11	30	5	41	3

Dieses Ambt hat zwar bey Wetterfeld zur Gilt-Einbiemung
das Amberger Viertl, da aber die Zehent Getraider nach dem
Dort selbst üblichen sogenannten Chaar, und dessen Metzen-
Theil einzubringen Herkommens ware. Als hat man auch
dises nachstehendergestalten in die Münchner Mässerey reducirt, als nemlichen in
Waitz, und Korn.

Bey disen Getraid-Sorten werden auf ein Chaar
24. solche Metzen gerechnet.

		Waitz, und Korn.			
Chaar.	Metzen.	Schffl.	Metzen.	Vierling.	Sechtzehtl
-	1	-	-	1	3 -
-	2	-	-	3	2¼
-	3	-	1	1	1¼
-	4	-	1	3	- ½
-	5	-	2	-	3½
-	6	-	2	2	2¾
-	7	-	3	-	1¾
-	8	-	3	2	1 -
-	9	-	4	-	-
-	10	-	4	1	3¼
-	11	-	4	3	2¼
-	12	-	5	1	1½
1 oder	24	1	4	2	3 -
2	-	3	3	1	2 -
3	-	5	2	-	1 -
4	-	7	-	3	-
5	-	8	5	1	3
6	-	10	4	-	2
7	-	12	2	3	1
8	-	14	1	2	-
9	-	16	-	-	3

Gersten.

Hierzu werden auf ein Chaar 28. solche Metzen gerechnet.

Gersten.

Chaar.	Metzen.	Schaffl.	Metzen	Viertling	Sechzehtl
-	1	-	-	1	3 -
-	2	-	-	3	2 -
-	3	-	1	1	1 $\frac{1}{4}$
-	4	-	1	3	- $\frac{1}{4}$
-	5	-	2	-	3 $\frac{1}{4}$
-	6	-	2	2	2 $\frac{1}{4}$
-	7	-	3	-	1 $\frac{1}{2}$
-	8	-	3	2	- $\frac{1}{2}$
-	9	-	3	3	3 $\frac{1}{2}$
-	10	-	4	1	2 $\frac{3}{4}$
-	11	-	4	3	1 $\frac{3}{4}$
-	12	-	5	1	- $\frac{3}{4}$
-	13	-	5	2	3 $\frac{3}{4}$
-	14	1	-	-	3 -
1 oder	28	2	-	1	2 -
2	-	4	-	3	- -
3	-	6	1	-	2 -
4	-	8	1	2	- -
5	-	10	1	3	2 -
6	-	12	2	1	- -
7	-	14	2	2	2 -
8	-	16	3	-	- -
9	-	18	3	1	2 -
10	-	20	3	3	- -
20	-	41	1	2	- -

Habern

Dißorths haltet das Chaar 36 solche Metzen, die drittel, und viertl Metzen seynd unter den Gersten Maaß schon verstanden.

Habern

Chaar.	Metzen.	Schaffl.	Metzen	Vierthag	Sechßehtl
-	1	-	-	1	3
-	2	-	-	3	2
-	3	-	1	1	$1\frac{1}{4}$
-	4	-	1	3	$-\frac{1}{4}$
-	5	-	2	-	$3\frac{1}{4}$
-	6	-	2	2	$2\frac{1}{4}$
-	7	-	3	-	$1\frac{1}{2}$
-	8	-	3	2	$-\frac{1}{2}$
-	9	-	3	3	$3\frac{1}{2}$
-	10	-	4	1	$2\frac{1}{4}$
-	11	-	4	3	$1\frac{3}{4}$
-	12	-	5	1	$-\frac{3}{4}$
-	13	-	5	2	$3\frac{3}{4}$
-	14	-	6	-	3 -
-	15	-	6	2	2 -
-	16	1	-	-	1
-	17	1	-	2	$-\frac{1}{4}$
-	18	1	-	3	$3\frac{1}{4}$
1 oder	36	2	1	3	$2\frac{1}{8}$
2	-	4	3	3	1 -
3	-	6	5	2	$3\frac{1}{2}$
4	-	9	-	2	2 -

Waitz.   Geld-Resol

Uber das No

Schl. Waitz.		Chaar.			Schl. Waitz.		Cha		
fl.	kr.	fl.	kr.	pf.	fl.	kr.	fl.	kr.	pf.
6	-	10	41	1	10	40	19	-	-
6	10	10	59	-	10	50	19	17	3
6	20	11	16	3	11	-	19	35	2
6	30	11	34	2	11	10	19	53	1
6	40	11	52	2	11	20	20	11	1
6	50	12	10	1	11	30	20	29	-
7	-	12	28	-	11	40	20	46	3
7	10	12	45	3	11	50	21	4	2
7	20	13	3	3	12	-	21	22	2
7	30	13	21	2	12	10	21	40	1
7	40	13	39	1	12	20	21	58	-
7	50	13	57	-	12	30	22	15	3
8	-	14	15	-	12	40	22	33	3
8	10	14	32	3	12	50	22	51	2
8	20	14	50	2	13	-	23	9	1
8	30	15	8	1	13	10	23	27	-
8	40	15	26	1	13	20	23	45	-
8	50	15	44	-	13	30	24	2	3
9	-	16	1	3	13	40	24	20	2
9	10	16	19	2	13	50	24	38	1
9	20	16	37	2	14	-	24	56	1
9	30	16	55	1	14	10	25	14	-
9	40	17	13	-	14	20	25	31	3
9	50	17	30	3	14	30	25	49	2
10	-	17	48	3	14	40	26	7	2
10	10	18	6	2	14	50	26	25	1
10	20	18	24	1	15	-	26	43	-
10	30	18	42	-	15	10	27	-	3

binger Chaar.   Korn.

Schl. Korn.		Chaar.			Schl. Korn.		Chaar.		
fl.	kr.	fl.	kr.	pf.	fl.	kr.	fl.	kr.	pf.
3	-	5	20	2	7	40	13	39	1
3	10	5	38	1	7	50	13	57	-
3	20	5	56	1	8	-	14	15	1
3	30	6	14	-	8	10	14	32	3
3	40	6	31	3	8	20	14	50	2
3	50	6	49	2	8	30	15	8	1
4	-	7	7	2	8	40	15	26	1
4	10	7	25	1	8	50	15	44	-
4	20	7	43	-	9	-	16	1	3
4	30	8	-	3	9	10	16	19	2
4	40	8	18	3	9	20	16	37	2
4	50	8	36	2	9	30	16	55	1
5	-	8	54	1	9	40	17	13	-
5	10	9	12	-	9	50	17	30	3
5	20	9	30	-	10	-	17	48	3
5	30	9	47	3	10	10	18	6	2
5	40	10	5	2	10	20	18	24	1
5	50	10	23	1	10	30	18	42	-
6	-	10	41	1	10	40	19	-	-
6	10	10	59	-	10	50	19	17	3
6	20	11	16	3	11	-	19	35	2
6	30	11	34	2	11	10	19	53	1
6	40	11	52	2	11	20	20	11	1
6	50	12	10	1	11	30	20	29	-
7	-	12	28	-	11	40	20	46	3
7	10	12	45	3	11	50	21	4	2
7	20	13	3	3	12	-	21	22	2
7	30	13	21	2	12	10	21	40	1

Schl.Gersten		Chaar.			Schl.Gersten		Chaar.		
fl.	kr.	fl.	kr.	pf.	fl.	kr.	fl.	kr.	pf.
3	-	6	11	1	7	50	16	9	1
3	10	6	31	3	8	-	16	30	-
3	20	6	52	2	8	10	16	50	2
3	30	7	13	-	8	20	17	11	1
3	40	7	33	3	8	30	17	31	3
3	50	7	54	1	8	40	17	52	1
4	-	8	15	-	8	50	18	13	-
4	10	8	35	2	9	-	18	33	3
4	20	8	56	1	9	10	18	54	1
4	30	9	16	3	9	20	19	15	-
4	40	9	37	2	9	30	19	35	2
4	50	9	58	-	9	40	19	56	1
5	-	10	18	3	9	50	20	16	3
5	10	10	39	1	10	-	20	37	2
5	20	11	-	-	10	10	20	58	-
5	30	11	20	2	10	20	21	18	3
5	40	11	41	1	10	30	21	39	1
5	50	12	1	3	10	40	22	-	-
6	-	12	22	2	10	50	22	20	2
6	10	12	43	-	11	-	22	41	1
6	20	13	3	3	11	10	23	1	3
6	30	13	24	1	11	20	23	22	2
6	40	13	45	-	11	30	23	43	-
6	50	14	5	2	11	40	24	3	3
7	-	14	26	1	11	50	24	24	1
7	10	14	46	3	12	-	24	45	-
7	20	15	7	2	12	10	25	5	2
7	30	15	28	-	12	20	25	26	1
7	40	15	48	3	12	30	25	46	3

Schl. Habern		Chaar.			Schl. Habern		Chaar.		
fl.	kr.	fl.	kr.	pf.	fl.	kr.	fl.	kr.	pf.
2	-	4	32	2	6	50	15	31	2
2	10	4	55	1	7	-	15	54	1
2	20	5	18	-	7	10	16	17	-
2	30	5	40	3	7	20	16	39	3
2	40	6	3	2	7	30	17	2	2
2	50	6	26	1	7	40	17	25	1
3	-	6	49	-	7	50	17	47	3
3	10	7	11	2	8	-	18	10	2
3	20	7	34	1	8	10	18	33	1
3	30	7	57	-	8	20	18	56	-
3	40	8	19	3	8	30	19	18	3
3	50	8	42	2	8	40	19	41	2
4	-	9	5	1	8	50	20	4	1
4	10	9	28	-	9	-	20	27	-
4	20	9	50	3	9	10	20	49	3
4	30	10	13	2	9	20	21	12	2
4	40	10	36	1	9	30	21	35	-
4	50	10	58	3	9	40	21	57	3
5	-	11	21	2	9	50	22	20	2
5	10	11	44	1	10	-	22	43	1
5	20	12	7	-	10	10	23	6	-
5	30	12	29	3	10	20	23	28	3
5	40	12	52	2	10	30	23	51	2
5	50	13	15	1	10	40	24	14	1
6	-	13	38	-	10	50	24	37	-
6	10	14	4	3	11	-	24	59	2
6	20	14	23	1	11	10	25	22	1
6	30	14	46	-	11	20	25	45	-
6	40	15	8	3	11	30	26	7	3

Bey dasiger Reichs-Herrschafft ist die Haupt-Mässerey der Metzen, die Minut-Theile aber die Viertling genannt, welch beedes mit dem Gräflich-Wolffsteinischen Wappen wohl ausgeprägter versehen ware, und haben sich in der Münchner Mässerey nachstehendes zeigt in

Waitz, und Korn.

Metzen.	Viertling.		Schaffl.	Metzen.	Viertling	Sechzehtl
-	1		-	-	1	$1\frac{1}{4}$
-	2		-	-	2	$2\frac{1}{2}$
-	3		-	-	3	$3\frac{3}{4}$
1	-		-	1	1	$-\frac{3}{4}$
2	-		-	2	2	$1\frac{1}{2}$
3	-		-	3	3	$2\frac{1}{4}$
4	-		-	5	-	3-
5	-		1	-	1	$3\frac{3}{4}$
6	-		1	1	3	$-\frac{1}{2}$
7	-		1	3	-	$1\frac{1}{4}$
8	-		1	4	1	2-
9	-		1	5	2	$2\frac{3}{4}$
10	-		2	-	3	$3\frac{1}{2}$
11	-		2	2	1	$-\frac{1}{4}$
12	-		2	3	2	1-
13	-		2	4	3	$1\frac{3}{4}$
14	-		3	-	-	$2\frac{1}{2}$
15	-		3	1	1	$3\frac{1}{4}$
16	-		3	2	3	-
17	-		3	4	-	$-\frac{3}{4}$
18	-		3	5	1	$1\frac{1}{2}$
19	-		4	-	2	$2\frac{1}{4}$

Gersten.

Dise hat einen besondern und etwas reichlicheren Metzen, und Viertling, welche sich hieunten in der Münchner Mäßerey bezeiget haben.

Gersten.

Metzen	Virtling.	Schaffl.	Metzen	Viertling	Sechzehtl
-	1	-	-	1	$2\frac{3}{4}$
-	2	-	-	3	$1\frac{1}{2}$
-	3	-	1	1	$-\frac{1}{4}$
1	-	-	1	2	3 -
2	-	-	3	1	2
3	-	-	5	-	1
4	-	1	-	3	-
5	-	1	2	1	3
6	-	1	4	-	2
7	-	1	5	3	1
8	-	2	1	2	-
9	-	2	3	-	3
10	-	2	4	3	2
11	-	3	-	2	1
12	-	3	2	1	-
13	-	3	3	3	3
14	-	3	5	2	2
15	-	4	1	1	1
16	-	4	3	-	-
17	-	4	4	2	3
18	-	5	-	1	2
19	-	5	2	-	1
20	-	5	3	3	-
30	-	8	2	2	2
40	-	11	1	2	-

Habern.

Dise ist mit dem Gersten-Maaß durchaus gleichhaltig, folglich nur mit dem 7ten Münchner Metzen aufs Schaffl eingetheilter vorgetragen.

Habern.

Metzen	Virtling	Schaffl.	Metzen	Viertl	Sechzehtl
1	-	-	1	2	3
2	-	-	3	1	2
3	-	-	5	-	1
4	-	-	6	3	1
5	-	1	1	1	3
6	-	1	3	-	2
7	-	1	4	3	1
8	-	1	6	2	-
9	-	2	1	-	3
10	-	2	2	3	2
11	-	2	4	2	1
12	-	2	6	1	-
13	-	3	-	3	3
14	-	3	2	2	2
15	-	3	4	1	1
16	-	3	6	-	-
17	-	4	-	2	3
18	-	4	2	1	2
19	-	4	4	-	1
20	-	4	5	3	-
30	-	7	1	2	2
40	-	9	4	2	-
50	-	12	-	1	2
60	-	4	3	1	-
70	-	16	6	-	2

Uber den Sulzburger Metzen.

Waitz.

Schl. Waitz.		Metzen.			Schl. Waitz		Metzen.		
fl.	kr.	fl.	kr.	pf.	fl.	kr.	fl.	kr.	pf.
6	-	1	17	3	10	30	2	16	-
6	10	1	19	3	10	40	2	18	1
6	20	1	22	-	10	50	2	20	1
6	30	1	24	1	11	-	2	22	2
6	40	1	26	1	11	10	2	24	3
6	50	1	28	2	11	20	2	26	3
7	-	1	30	3	11	30	2	29	-
7	10	1	32	3	11	40	2	31	1
7	20	1	35	-	11	50	2	33	2
7	30	1	37	1	12	-	2	35	2
7	40	1	39	1	12	10	2	37	3
7	50	1	41	2	12	20	2	39	3
8	-	1	43	3	12	30	2	42	-
8	10	1	45	3	12	40	2	44	1
8	20	1	48	-	12	50	2	46	1
8	30	1	50	-	13	-	2	48	2
8	40	1	52	1	13	10	2	50	3
8	50	1	54	1	13	20	2	52	3
9	-	1	56	2	13	30	2	55	-
9	10	1	58	3	13	40	2	57	-
9	20	2	1	-	13	50	2	59	1
9	30	2	3	-	14	-	3	1	2
9	40	2	5	1	14	10	3	3	2
9	50	2	7	2	14	20	3	5	3
10	-	2	9	2	14	30	3	8	-
10	10	2	11	3	14	40	3	10	1
10	20	2	14	-	14	50	3	12	1

Schl. Korn		Metzen.			Schl. Korn.		Metzen		
fl.	kr.	fl.	kr.	pf.	fl.	kr.	fl.	kr.	pf.
3	-	-	38	3	7	50	1	41	2
3	10	-	41	-	8	-	1	43	3
3	20	-	43	-	8	10	1	45	3
3	30	-	45	1	8	20	1	48	-
3	40	-	47	2	8	30	1	50	-
3	50	-	49	2	8	40	1	52	1
4	-	-	51	3	8	50	1	54	1
4	10	-	54	-	9	-	1	56	2
4	20	-	56	-	9	10	1	58	3
4	30	-	58	1	9	20	2	1	-
4	40	1	-	2	9	30	2	3	-
4	50	1	2	2	9	40	2	5	1
5	-	1	4	3	9	50	2	7	2
5	10	1	7	-	10	-	2	9	2
5	20	1	9	-	10	10	2	11	3
5	30	1	11	1	10	20	2	14	-
5	40	1	13	1	10	30	2	16	-
5	50	1	15	2	10	40	2	18	1
6	-	1	17	3	10	50	2	20	1
6	10	1	19	3	11	-	2	22	2
6	20	1	22	-	11	10	2	24	3
6	30	1	24	1	11	20	2	26	3
6	40	1	26	1	11	30	2	29	-
6	50	1	28	2	11	40	2	31	1
7	-	1	30	3	11	50	2	33	1
7	10	1	32	3	12	-	2	35	2
7	20	1	35	-	12	10	2	37	3
7	30	1	37	1	12	20	2	39	3
7	40	1	39	11	12	30	2	42	-

Schl.Gersten		Metzen			Schl.Gersten		Metzen		
fl.	kr.	fl.	kr.	pf.	fl.	kr.	fl.	kr.	pf.
3	-	-	50	2	7	50	2	12	-
3	10	-	53	1	8	-	2	15	-
3	20	-	56	-	8	10	2	17	3
3	30	-	59	-	8	20	2	20	2
3	40	1	1	3	8	30	2	23	1
3	50	1	4	2	8	40	2	26	1
4	-	1	7	2	8	50	2	29	-
4	10	1	10	1	9	-	2	31	3
4	20	1	13	-	9	10	2	34	2
4	30	1	15	3	9	20	2	37	2
4	40	1	18	3	9	30	2	40	1
4	50	1	21	2	9	40	2	43	-
5	-	1	24	1	9	50	2	45	3
5	10	1	27	-	10	-	2	48	3
5	20	1	30	-	10	10	2	51	2
5	30	1	32	3	10	20	2	54	1
5	40	1	35	2	10	30	2	57	-
5	50	1	38	1	10	40	3	-	-
6	-	1	41	1	10	50	3	2	3
6	10	1	44	-	11	-	3	5	2
6	20	1	46	3	11	10	3	8	1
6	30	1	49	2	11	20	3	11	1
6	40	1	52	2	11	30	3	14	-
6	50	1	55	1	11	40	3	16	3
7	-	1	58	-	11	50	3	19	2
7	10	2	-	3	12	-	3	22	2
7	20	2	3	3	12	10	3	25	1
7	30	2	6	2	12	20	3	28	-
7	40	2	9	1	12	30	3	30	3

Sch. Habern			Metzen			Sch. Habern			Metzen	
fl.	kr.	fl.	kr.	pf.	fl.	kr.	fl.	kr.	pf.
2	-	-	28	3	6	50	1	38	3
2	10	-	31	1	7	-	1	41	1
2	20	-	33	3	7	10	1	43	2
2	30	-	36	-	7	20	1	46	-
2	40	-	38	2	7	30	1	48	1
2	50	-	40	3	7	40	1	50	3
3	-	-	43	1	7	50	1	53	1
3	10	-	45	3	8	-	1	55	2
3	20	-	48	-	8	10	1	58	-
3	30	-	50	2	8	20	2	-	2
3	40	-	53	-	8	30	2	2	3
3	50	-	55	1	8	40	2	5	1
4	-	-	57	3	8	50	2	7	3
4	10	1	-	1	9	-	2	10	-
4	20	1	2	2	9	10	2	12	2
4	30	1	5	-	9	20	2	15	-
4	40	1	7	2	9	30	2	17	1
4	50	1	9	3	9	40	2	19	3
5	-	1	12	1	9	50	2	22	-
5	10	1	14	2	10	-	2	24	2
5	20	1	17	-	10	10	2	27	-
5	30	1	19	2	10	20	2	29	1
5	40	1	21	3	10	30	2	31	3
5	50	1	24	1	10	40	2	34	1
6	-	1	26	3	10	50	2	36	2
6	10	1	29	-	11	-	2	39	-
6	20	1	31	2	11	10	2	41	2
6	30	1	34	-	11	20	2	43	3
6	40	1	36	1	11	30	2	46	1

Auf dasigen Amts-Casten würde die Gilt- und Zehent-Præstation nach denen sogenannten Metzen, und Simera eingebracht, welche sich folgends in der Münchner Mässerey verificiret, als zu

Waitz, und Korn.

Bey disen werden auf ein Simera 14. solche Metzen gerechnet.

Simera	Metzen.		Schaffl.	Metzen.	Virtling	Sechzehtl
-	1		-	-	2	2½
-	2		-	1	1	1 -
-	3		-	1	3	3½
-	4		-	2	2	2 -
-	5		-	3	1	- ¼
-	6		-	3	3	3 -
½ oder	7		-	4	2	1⅓
1 oder	14		1	3	-	3 -
2	-		3	-	1	2 -
3	-		4	3	2	1 -
4	-		6	-	3	-
5	-		7	3	3	3
6	-		9	1	-	2
7	-		10	4	1	1
8	-		12	1	2	-
9	-		13	4	2	3
10	-		15	1	3	2
11	-		16	5	-	1
12	-		18	2	1	-
13	-		19	5	1	3
14	-		21	2	2	2
15	-		22	5	3	1
16	-		24	3	-	-

Gersten.

Zu diser, auch ungerenleten Dünckel, oder Fesen, werden auf ein Simera 25. derley Metzen gezehlet, und weilen die Metzen allschon bey Waitz, und Korn verstanden, werden solche disorths nicht mehr vorgetragen.

Gersten.

Simra.	Metzen	Schaffl.	Metzen	Vierling.	Sechzehntel
½ oder	12½	1	2	-	3¼
1 oder	25	2	4	1	2½
2	-	5	2	3	1-
3	-	8	1	-	3½
4	-	10	5	2	2-
5	-	13	4	-	-½
6	-	16	2	1	3-
7	-	19	-	3	1½
8	-	21	5	1	-
9	-	24	3	2	2½
10	-	27	2	-	1-
11	-	30	-	1	3½
12	-	32	4	3	2-
13	-	35	3	1	-½
14	-	38	1	2	3-
15	-	41	-	-	1½
16	-	43	4	2	-
17	-	46	2	3	2½
18	-	49	1	1	1-
19	-	51	5	2	3½
20	-	54	4	-	2-

Habern.

Disorths werden auch auf ein Simera 25. solche Metzen gerechnet, und ist beym Schaffl nur der 7te Metzen eingetheilt worden.

Habern.

Simra.	Metzen.	Schaff.	Metzen	Viertling	Sechzehtl
1	-	2	2	1	$2\frac{1}{2}$
2	-	4	4	3	1-
3	-	7	-	-	$3\frac{1}{2}$
4	-	9	2	2	2-
5	-	11	5	-	$-\frac{1}{2}$
6	-	14	-	1	3-
7	-	16	2	3	$1\frac{1}{2}$
8	-	18	5	1	-
9	-	21	-	2	$2\frac{1}{2}$
10	-	23	3	-	1-
11	-	25	5	1	$3\frac{1}{2}$
12	-	28	-	3	2-
13	-	30	3	1	$-\frac{1}{2}$
14	-	32	5	2	3-
15	-	35	1	-	$1\frac{1}{2}$
16	-	37	3	2	-
17	-	39	5	3	$2\frac{1}{2}$
18	-	42	1	1	1-
19	-	44	3	2	$3\frac{1}{2}$
20	-	46	6	-	2-
30	-	70	2	-	3-
40	-	93	5	1	-

Schl. Waiz.		Smra			Schl. Waiz.		Simra		
fl.	kr.	fl.	kr.	pf.	fl.	kr.	fl.	kr.	pf.
6	-	9	11	1	10	40	16	20	-
6	10	9	26	2	10	50	16	35	1
6	20	9	41	3	11	-	16	50	2
6	30	9	57	-	11	10	17	5	3
6	40	10	12	2	11	20	17	21	1
6	50	10	27	3	11	30	17	36	2
7	-	10	43	-	11	40	17	51	3
7	10	10	58	1	11	50	18	7	-
7	20	11	13	3	12	-	18	22	2
7	30	11	29	-	12	10	18	37	3
7	40	11	44	1	12	20	18	53	-
7	50	11	59	2	12	30	19	8	1
8	-	12	15	-	12	40	19	23	3
8	10	12	30	1	12	50	19	39	-
8	20	12	45	2	13	-	19	54	1
8	30	13	-	3	13	10	20	9	2
8	40	13	16	1	13	20	20	25	-
8	50	13	31	2	13	30	20	40	1
9	-	13	46	3	13	40	20	55	2
9	10	14	2	-	13	50	21	10	3
9	20	14	17	2	14	-	21	26	1
9	30	14	32	3	14	10	21	41	2
9	40	14	48	-	14	20	21	56	3
9	50	15	3	1	14	30	22	12	-
10	-	15	18	3	14	40	22	27	2
10	10	15	34	-	14	50	22	42	3
10	20	15	49	1	15	-	22	58	-
10	30	16	4	2	15	10	23	13	1

tacher Simera. Korn.

Schl. Korn		Simera			Schl. Korn		Simera		
fl.	kr.	fl.	kr.	pf.	fl.	kr.	fl.	kr.	pf.
3	-	4	35	2	7	40	11	44	1
3	10	4	50	3	7	50	11	59	2
3	20	5	6	1	8	-	12	15	-
3	30	5	21	2	8	10	12	30	1
3	40	5	36	3	8	20	12	45	2
3	50	5	52	-	8	30	13	-	3
4	-	6	7	2	8	40	13	16	1
4	10	6	22	3	8	50	13	31	2
4	20	6	38	-	9	-	13	46	3
4	30	6	53	1	9	10	14	2	-
4	40	7	8	3	9	20	14	17	2
4	50	7	24	-	9	30	14	32	3
5	-	7	39	1	9	40	14	48	-
5	10	7	54	2	9	50	15	3	1
5	20	8	10	-	10	-	15	18	3
5	30	8	25	1	10	10	15	34	-
5	40	8	40	2	10	20	15	49	1
5	50	8	55	3	10	30	16	4	2
6	-	9	11	1	10	40	16	20	-
6	10	9	26	2	10	50	16	35	1
6	20	9	41	3	11	-	16	50	2
6	30	9	57	-	11	10	17	5	3
6	40	10	12	2	11	20	17	21	1
6	50	10	27	3	11	20	17	36	2

Schl. Gersten		Simera			Schl. Gersten		Simera		
fl.	kr.	fl.	kr.	pf.	fl.	kr.	fl.	kr.	pf.
3	-	8	12	-	7	50	21	25	-
3	10	8	39	2	8	-	21	52	1
3	20	9	6	3	8	10	22	19	3
3	30	9	34	-	8	20	22	47	-
3	40	10	1	2	8	30	23	14	2
3	50	10	28	3	8	40	23	41	3
4	-	10	56	1	8	50	24	9	-
4	10	11	23	2	9	-	24	36	1
4	20	11	50	3	9	10	25	3	3
4	30	12	18	1	9	20	25	31	1
4	40	12	45	2	9	30	25	58	2
4	50	13	12	3	9	40	26	25	3
5	-	13	40	1	9	50	26	53	1
5	10	14	7	2	10	-	27	20	2
5	20	14	35	-	10	10	27	47	3
5	30	15	2	1	10	20	28	15	1
5	40	15	29	2	10	30	28	42	2
5	50	15	57	-	10	40	29	10	-
6	-	16	24	1	10	50	29	37	1
6	10	16	51	2	11	-	30	4	2
6	20	17	19	-	11	10	30	32	-
6	30	17	46	1	11	20	30	59	1
6	40	18	13	3	11	30	31	26	2
6	50	18	41	-	11	40	31	54	-
7	-	19	8	1	11	50	32	21	1
7	10	19	35	3	12	-	32	48	3
7	20	20	3	-	12	10	33	16	-
7	30	20	30	1	12	20	33	43	1
7	40	20	57	3	12	30	34	10	3

Schl. Habern		Summa			Schl. Habern		Summa		
fl.	kr.	fl.	kr.	pf.	fl.	kr.	fl.	kr.	pf.
2	-	4	41	1	6	50	16	-	3
2	10	5	4	2	7	•	16	24	1
2	20	5	28	-	7	10	16	47	3
2	30	5	51	2	7	20	17	11	1
2	40	6	15	-	7	30	17	34	2
2	50	6	38	1	7	40	17	58	-
3	-	7	1	3	7	50	18	21	2
3	10	7	25	1	8	-	18	4	-
3	20	7	48	3	8	10	19	8	1
3	30	8	12	-	8	20	19	31	3
3	40	8	35	2	8	30	19	55	1
3	50	8	59	-	8	40	20	18	3
4	-	9	22	2	8	50	20	42	-
4	10	9	45	3	9	-	21	5	2
4	20	10	9	1	9	10	21	29	-
4	30	10	32	3	9	20	21	52	2
4	40	10	56	1	9	30	22	15	3
4	50	11	19	2	9	40	22	39	1
5	-	11	43	-	9	50	23	2	3
5	10	12	6	2	10	-	23	26	1
5	20	12	30	-	10	10	23	49	2
5	30	12	53	1	10	20	24	13	-
5	40	13	16	3	10	30	24	36	2
5	50	13	40	1	10	40	25	-	-
6	-	14	3	3	10	50	25	23	1
6	10	14	27	-	11	-	25	46	3
6	20	14	50	2	11	10	26	10	1
6	30	15	14	-	11	20	26	33	3
6	40	15	37	2	11	30	26	57	-

Gersten.

Zu diser, auch ungerenleten Dünckel, oder Fesen, werden auf
ein Simera 25. derley Metzen gezeplet, und weilen die
Metzen allschon bey Waitz, und Korn verstanden,
werden solche disorths nicht mehr vorgetragen.

Gersten.

Simra.	Metzen	Schaffl.	Metzen	Vierling	Sechzehtl
½ ober	12½	1	2	-	3¼
1 ober	25	2	4	1	2⅛
2	-	5	2	3	1-
3	-	8	1	-	3½
4	-	10	5	2	2-
5	-	13	4	-	-½
6	-	16	2	1	3
7	-	19	-	3	1½
8	-	21	5	1	-
9	-	24	3	2	2⅛
10	-	27	2	-	1-
11	-	30	-	1	3¼
12	-	32	4	3	2-
13	-	35	3	1	-⅛
14	-	38	1	2	3-
15	-	41	-	-	1⅛
16	-	43	4	2	-
17	-	46	2	3	2⅛
18	-	49	1	1	1-
19	-	51	5	2	3½
20	-	54	4	-	2-

Habern.

Dißorths werden auch auf ein Simera 25. solche Metzen gerechnet, und ist beym Schaffl nur der 7te Metzen eingetheilt worden.

Habern.

Simra.	Metzen.	Schaff.	Metzen	Viertling	Sechzehtl
1	-	2	2	1	2½
2	-	4	4	3	1-
3	-	7	-	-	3½
4	-	9	2	2	2-
5	-	11	5	-	-½
6	-	14	-	1	3-
7	-	16	2	3	1½
8	-	18	5	1	-
9	-	21	-	2	2½
10	-	23	3	-	1-
11	-	25	5	1	3½
12	-	28	-	3	2-
13	-	30	3	1	-½
14	-	32	5	2	3-
15	-	35	1	-	1½
16	-	37	3	2	-
17	-	39	5	3	2½
18	-	42	1	1	1-
19	-	44	3	2	3½
20	-	46	6	-	2-
30	-	70	2	-	3-
40	-	93	5	1	-

Schl. Waitz.		Simra			Schl. Waitz.		Simra.		
fl.	kr.	fl.	kr.	pf.	fl.	kr.	fl.	kr.	pf.
6	·	9	11	1	10	40	16	20	-
6	10	9	26	2	10	50	16	35	1
6	20	9	41	3	11	-	16	50	2
6	30	9	57	-	11	10	17	5	3
6	40	10	12	2	11	20	17	21	1
6	50	10	27	3	11	30	17	36	2
7	·	10	43	-	11	40	17	51	3
7	10	10	58	1	11	50	18	7	-
7	20	11	13	3	12	-	18	22	2
7	30	11	29	-	12	10	18	37	3
7	40	11	44	1	12	20	18	53	1
7	50	11	59	2	12	30	19	8	1
8	·	12	15	-	12	40	19	23	3
8	10	12	30	1	12	50	19	39	-
8	20	12	45	2	13	-	19	54	1
8	30	13	-	3	13	10	20	9	2
8	40	13	16	1	13	20	20	25	-
8	50	13	31	2	13	30	20	40	1
9	-	13	46	3	13	40	20	55	2
9	10	14	2	-	13	50	21	10	3
9	20	14	17	2	14	-	21	26	1
9	30	14	32	3	14	10	21	41	2
9	40	14	48	-	14	20	21	56	3
9	50	15	3	1	14	30	22	12	-
10	·	15	18	3	14	40	22	27	2
10	10	15	34	-	14	50	22	42	3
10	20	15	49	1	15	-	22	58	-
10	30	16	4	2	15	10	23	13	1

tacher Simera. Rorn.

Schl. Korn.				Simera		Schl. Korn.				Simera	
fl.	kr.	fl.	kr.	pf.	fl.	kr.	fl.	kr.	pf.
3	.	4	35	2	7	40	11	44	1
3	10	4	50	3	7	50	11	59	2
3	20	5	6	1	8	-	12	15	-
3	30	5	21	2	8	10	12	30	1
3	40	5	36	3	8	20	12	45	2
3	50	5	52	-	8	30	13	-	3
4	-	6	7	2	8	40	13	16	1
4	10	6	22	3	8	50	13	31	2
4	20	6	38	-	9	-	13	46	3
4	30	6	53	1	9	10	14	2	-
4	40	7	8	3	9	20	14	17	2
4	50	7	24	.	9	30	14	32	3
5	-	7	39	1	9	40	14	48	-
5	10	7	54	2	9	50	15	3	1
5	20	8	10	.	10	-	15	18	3
5	30	8	25	1	10	10	15	34	-
5	40	8	40	2	10	20	15	49	1
5	50	8	55	3	10	30	16	4	2
6	-	9	11	1	10	40	16	20	-
6	10	9	26	2	10	50	16	35	1
6	20	9	41	3	11	-	16	50	2
6	30	9	57	-	11	10	17	5	3
6	40	10	12	2	11	20	17	21	1
6	50	10	27	3	11	30	17	36	2
7	.	10	43	-	11	40	17	51	3
7	10	10	58	1	11	50	18	7	-
7	20	11	13	3	12	-	18	22	2
7	30	11	29	-	12	10	18	37	3

Schl.Gersten		Simera			Schl.Gersten		Simera		
fl.	kr.	fl.	kr.	pf.	fl.	kr.	fl.	kr.	pf.
3	-	8	12	-	7	50	21	25	-
3	10	8	39	2	8	-	21	52	1
3	20	9	6	3	8	10	22	19	3
3	30	9	34	-	8	20	22	47	-
3	40	10	1	2	8	30	23	14	2
3	50	10	28	3	8	40	23	41	3
4	-	10	56	1	8	50	24	9	-
4	10	11	23	2	9	-	24	36	1
4	20	11	50	3	9	10	25	3	3
4	30	12	18	1	9	20	25	31	1
4	40	12	45	2	9	30	25	58	2
4	50	13	12	3	9	40	26	25	3
5	-	13	40	1	9	50	26	53	1
5	10	14	7	2	10	-	27	20	2
5	20	14	35	-	10	10	27	47	3
5	30	15	2	1	10	20	28	15	1
5	40	15	29	2	10	30	28	42	2
5	50	15	57	-	10	40	29	10	-
6	-	16	24	1	10	50	29	37	1
6	10	16	51	2	11	-	30	4	2
6	20	17	19	-	11	10	30	32	-
6	30	17	46	1	11	20	30	59	1
6	40	18	13	3	11	30	31	26	2
6	50	18	41	-	11	40	31	54	-
7	-	19	8	1	11	50	32	21	1
7	10	19	35	3	12	-	32	48	3
7	20	20	3	-	12	10	33	16	-
7	30	20	30	1	12	20	33	43	1
7	40	20	57	3	12	30	34	10	3

Schl. Habern		Summa			Schl. Habern		Summa		
fl.	kr.	fl.	kr.	pf.	fl.	kr.	fl.	kr.	pf.
2	-	4	41	1	6	50	16	-	3
2	10	5	4	2	7	-	16	24	1
2	20	5	28	-	7	10	16	47	3
2	30	5	51	2	7	20	17	11	II
2	40	6	15	-	7	30	17	34	2
2	50	6	38	1	7	40	17	58	-
3	-	7	1	3	7	50	18	21	2
3	10	7	25	1	8	-	18	45	-
3	20	7	48	3	8	10	19	8	1
3	30	8	12	-	8	20	19	31	3
3	40	8	35	2	8	30	19	55	1
3	50	8	59	-	8	40	20	18	3
4	-	9	22	2	8	50	20	42	-
4	10	9	45	3	9	-	21	5	2
4	20	10	9	1	9	10	21	29	-
4	30	10	32	3	9	20	21	52	2
4	40	10	56	1	9	30	22	15	3
4	50	11	19	2	9	40	22	39	1
5	-	11	43	-	9	50	23	2	3
5	10	12	6	2	10	-	23	26	1
5	20	12	30	-	10	10	23	49	2
5	30	12	53	1	10	20	24	13	-
5	40	13	16	3	10	30	24	36	2
5	50	13	40	1	10	40	25	-	-
6	-	14	3	3	10	50	25	23	1
6	10	14	27	-	11	-	25	46	3
6	20	14	50	2	11	10	26	10	1
6	30	15	14	-	11	20	26	33	3
6	40	15	37	2	11	30	26	57	-

Auf dasigen Amts-Casten würdet die Gilt nach dem Regens-
spurger Schaff, Muth, und Metzen gelifert, als
Waitz, Korn, und Gersten.

Bey disen Getraid-Sorten werden auf ein Regenspurger
Schaff 4 Muth, oder 32 dortige Metzen, dann auf eine
Muth 8. solche Metzen verstanden, welch alles sich in der
Münchner Mässerey nachstehendermassen bezeiget hat.

Waitz			Korn, und Gersten.			
Schaff	Muth	Metn	Schl.	Metn	Viertli	Sztl
℔	-	1	-	-	2	- $\frac{1}{4}$	-
-	-	2	-	1	-	- $\frac{1}{2}$	-
-	-	3	-	1	2	- $\frac{3}{4}$	-
-	-	4	-	2	-	1 -	-
-	-	5	-	2	2	1 $\frac{1}{4}$	-
-	-	6	-	3	-	1 $\frac{1}{2}$	-
-	-	7	-	3	2	1 $\frac{3}{4}$	-
-	1 oder	8	-	4	-	2 -	-
-	2	-	1	2	1	-	-
-	3	-	2	-	1	2 -	-
1 oder	4	-	2	4	2	-	-
2	-	-	5	3	-	-	-
3	-	-	8	1	2	-	-
4	-	-	11	-	-	-	-
5	-	-	13	4	2	-	-
6	-	-	16	3	3	-	-
7	-	-	19	1	2	-	-
8	-	-	22	-	-	-	-
9	-	-	24	4	2	-	-
10	-	-	27	3	-	-	-
20	-	-	55	-	-	-	-
30	-	-	82	3	-	-	-

Habern.

Bey dem Habern werden auf ein Regenspurger Schaff 7. Muth, und auf ein Muth 4. Viertling gerechnet.

Habern.

Schaff	Muth	Viertling	Schl.	Mezn	Viertlin.	Sechstl
-	-	1	-	1	-	-½
-	-	2	-	2	-	1 -
-	-	3	-	3	-	1 1/3
-	1	-	-	4	-	2
-	2	-	1	1	1	2
-	3	-	1	5	1	2
-	4	-	2	2	2	-
-	5	-	2	6	2	2
-	6	-	3	3	3	-
1	-	-	4	-	3	2
2	-	-	8	1	3	-
3	-	-	12	2	2	2
4	-	-	16	3	2	-
5	-	-	20	4	1	2
6	-	-	24	5	1	-
7	-	-	28	6	-	2
8	-	-	33	3	-	-
9	-	-	37	-	3	2
10	-	-	41	1	3	-
20	-	-	82	3	2	-
30	-	-	123	5	1	-
40	-	-	165	-	-	-
50	-	-	206	1	3	-
60	-	-	247	3	2	-

Waitz.   Uber das Sallern, oder

Schl. Waitz.		Schaff.			Schl. Waitz.		Schaff.		
fl.	kr.	fl.	kr.	pf.	fl.	kr.	fl.	kr.	pf.
6	-	16	30	-	10	40	29	20	-
6	10	16	57	2	10	50	29	47	2
6	20	17	25	-	11	-	30	15	-
6	30	17	52	2	11	10	30	42	2
6	40	18	20	-	11	20	31	10	-
6	50	18	47	2	11	30	31	37	2
7	-	19	15	-	11	40	32	5	-
7	10	19	42	2	11	50	32	32	2
7	20	20	10	-	12	-	33	-	-
7	30	20	37	2	12	10	33	27	2
7	40	21	5	-	12	20	33	55	-
7	50	21	32	2	12	30	34	22	2
8	-	22	-	-	12	40	34	50	-
8	10	22	27	2	12	50	35	17	2
8	20	22	55	-	13	-	35	45	-
8	30	23	22	2	13	10	36	12	2
8	40	23	50	-	13	20	36	40	-
8	50	24	17	2	13	30	37	7	2
9	-	24	45	-	13	40	37	35	-
9	10	25	12	2	13	50	38	2	2
9	20	25	40	-	14	-	38	30	-
9	30	26	7	2	14	10	38	57	2
9	40	26	35	-	14	20	39	25	-
9	50	27	2	2	14	30	39	52	2
10	-	27	30	-	14	40	40	20	-
10	10	27	57	2	14	50	40	47	2
10	20	28	25	-	15	-	41	15	-
10	30	28	52	2	15	10	41	42	2

Regenspurger Schaff.   Korn.

Schl. Korn.		= Schaff.			Schl. Korn.		= Schiff.		
fl.	kr.	fl.	kr.	pf.	fl.	kr.	fl.	kr.	pf.
3	~	8	15	-	7	40	21	5	-
3	10	8	42	2	7	50	21	32	2
3	20	9	10	-	8	-	22	-	-
3	30	9	37	2	8	10	22	27	2
3	40	10	5	-	8	20	22	55	-
3	50	10	32	2	8	30	23	22	2
4	-	11	-	-	8	40	23	50	-
4	10	11	27	2	8	50	24	17	2
4	20	11	55	-	9	-	24	45	-
4	30	12	22	2	9	10	25	12	2
4	40	12	50	-	9	20	25	40	-
4	50	13	17	2	9	30	26	7	2
5	-	13	45	-	9	40	26	35	-
5	10	14	12	2	9	50	27	2	2
5	20	14	40	-	10	-	27	30	-
5	30	15	7	2	10	10	27	57	2
5	40	15	35	-	10	20	28	25	-
5	50	16	2	2	10	30	28	52	2
6	-	16	30	-	10	40	29	20	-
6	10	16	57	2	10	50	29	47	2
6	20	17	25	-	11	-	30	15	-
6	30	17	52	2	11	10	30	42	2
6	40	18	20	-	11	20	31	10	-
6	50	18	47	2	11	30	31	37	2
7	-	19	15	-	11	40	32	5	-
7	10	19	42	2	11	50	32	32	2
7	20	20	10	-	12	-	33	-	-
7	30	20	37	2	12	10	33	27	2

Schl.Gersten		Schaff.			Schl.Gersten		Schaff.		
fl.	kr.	fl.	kr.	pf.	fl.	kr.	fl.	kr.	pf.
3	-	8	15	-	7	50	21	32	2
3	10	8	42	2	8	-	22	-	-
3	20	9	10	-	8	10	22	27	2
3	30	9	37	2	8	20	22	55	-
3	40	10	5	-	8	30	23	22	2
3	50	10	32	2	8	40	23	50	-
4	-	11	-	-	8	50	24	17	2
4	10	11	27	2	9	-	24	45	-
4	20	11	55	-	9	10	25	12	2
4	30	12	22	2	9	20	25	40	-
4	40	12	50	-	9	30	26	7	2
4	50	13	17	2	9	40	26	35	-
5	-	13	45	-	9	50	27	2	2
5	10	14	12	2	10	-	27	30	-
5	20	14	40	-	10	10	27	57	2
5	30	15	7	2	10	20	28	25	-
5	40	15	35	-	10	30	28	52	2
5	50	16	2	2	10	40	29	20	-
6	-	16	30	-	10	50	29	47	2
6	10	16	57	2	11	-	30	15	-
6	20	17	25	-	11	10	30	42	2
6	30	17	52	2	11	20	31	10	-
6	40	18	20	-	11	30	31	37	2
6	50	18	47	2	11	40	32	5	-
7	-	19	15	-	11	50	32	32	2
7	10	19	42	2	12	-	33	-	-
7	20	20	10	-	12	10	33	27	2
7	30	20	37	2	12	20	33	55	2
7	40	21	5	-	12	30	34	22	2

Schl. Habern		Scheff.			Schl. Habern		Scheff.		
fl.	kr.	fl.	kr.	pf.	fl.	kr.	fl.	kr.	pf.
2	-	8	15	-	6	50	28	11	1
2	10	8	56	1	7	-	28	52	2
2	20	9	37	2	7	10	29	33	3
2	30	10	18	3	7	20	30	15	-
2	40	11	-	-	7	30	30	56	1
2	50	11	41	1	7	40	31	37	2
3	-	12	22	2	7	50	32	18	3
3	10	13	3	3	8	-	33	-	-
3	20	13	45	-	8	10	33	41	1
3	30	14	26	1	8	20	34	22	2
3	40	15	7	2	8	30	35	3	3
3	50	15	48	3	8	40	35	45	-
4	-	16	30	-	8	50	36	26	1
4	10	17	11	1	9	-	37	7	2
4	20	17	52	2	9	10	37	48	3
4	30	18	33	3	9	20	38	30	-
4	40	19	15	-	9	30	39	11	1
4	50	19	6	1	9	40	39	52	2
5	-	20	37	2	9	50	40	33	3
5	10	21	18	3	10	-	41	15	-
5	20	22	-	-	10	10	41	56	1
5	30	22	41	1	10	20	42	37	2
5	40	23	22	2	10	30	43	18	3
5	50	24	3	3	10	40	44	-	-
6	-	24	45	-	10	50	44	41	1
6	10	25	26	1	11	-	45	22	2
6	20	26	7	2	11	10	46	3	3
6	30	26	48	3	11	20	46	45	-
6	40	27	30	-	11	30	47	26	1

Bey diſem Amts-Caſten würdet das Achtel gebrauchet, welches ſich reducirtermaſſen nachſtehend in der Münchner Mäſſerey bezeiget hat, als in

Waitz, und Korn.

Achtel.	Napf.	Schaffl.	Metzen.	Virtling	Sechzehtl
-	1	-	-	1	$2\frac{1}{4}$
-	2	-	-	3	$-\frac{1}{4}$
-	3	-	1	-	$2\frac{1}{2}$
-	4	-	1	2	$-\frac{3}{4}$
-	5	-	1	3	$2\frac{3}{4}$
-	6	-	2	1	1
-	7	-	2	2	$3\frac{1}{4}$
1	-	-	3	-	$1\frac{1}{4}$
2	-	1	-	-	$2\frac{1}{2}$
3	-	1	3	-	$3\frac{3}{4}$
4	-	2	-	1	$1\frac{1}{4}$
5	-	2	3	1	$2\frac{1}{4}$
6	-	3	-	1	$3\frac{3}{4}$
7	-	3	3	2	$-\frac{3}{4}$
8	-	4	-	2	$2\frac{1}{2}$
9	-	4	3	2	$3\frac{3}{4}$
10	-	5	-	3	$-\frac{3}{4}$
11	-	5	3	3	$1\frac{1}{4}$
12	-	6	-	3	$3\frac{1}{4}$
13	-	6	4	-	$-\frac{1}{4}$
14	-	7	1	-	$1\frac{1}{2}$
15	-	7	4	-	$2\frac{3}{4}$
16	-	8	1	1	-

Gersten.

Zu der Gersten würdet ein anders, und sogenanntes rauches Achtel gebrauchet, und nachstehendermassen in der Münchner Mässerey befunden worden.

Gersten.					
Achtel.	Napf.	Schäffl.	Metzen.	Vierling.	Sechzehntl
-	1	-	-	1	2 3/4
-	2	-	-	3	1 3/4
-	3	-	1	1	- 3/4
-	4	-	1	2	3 1/2
-	5	-	2	-	2 1/2
-	6	-	2	2	1 1/4
-	7	-	3	-	- 1/4
1	-	-	3	1	3 1/4
2	-	1	-	3	2 1/2
3	-	1	4	1	1 3/4
4	-	2	1	3	1 -
5	-	2	5	1	- 1/4
6	-	3	2	2	3 1/2
7	-	4	-	-	2 3/4
8	-	4	3	2	2 -
9	-	5	1	-	1 1/2
10	-	5	4	2	- 1/2
11	-	6	1	3	3 3/4
12	-	6	5	1	3 -
13	-	7	2	3	2 1/4
14	-	8	-	1	1 1/2

Habern.

Diſer hat kein anders Achtl, als zu der Gerſten gebraucht
wurdet, mithin dißorths nur bey dem Schaffl der 7te Metzen in die Eintheilung gebracht, folglich dadurch das
gewohnliche Haber-Schaffl hergeſtellet worden.

Habern.

Achtel.	Napf.	Schaffl.	Metzen	Viertling	Sechzehtl
1	–	–	3	1	$3\frac{1}{4}$
2	–	–	6	3	$2\frac{1}{2}$
3	–	1	3	1	$1\frac{3}{4}$
4	–	1	6	3	1–
5	–	2	3	1	$-\frac{1}{4}$
6	–	2	6	2	$3\frac{1}{2}$
7	–	3	3	–	$2\frac{3}{4}$
8	–	3	6	2	2–
9	–	4	3	–	$1\frac{1}{4}$
10	–	4	6	2	$-\frac{1}{2}$
11	–	5	2	3	$3\frac{3}{4}$
12	–	5	6	1	3–
13	–	6	2	3	$2\frac{1}{4}$
14	–	6	6	1	$1\frac{1}{2}$
15	–	7	2	3	$-\frac{3}{4}$
16	–	7	6	1	–
17	–	8	2	2	$3\frac{1}{4}$
18	–	8	6	–	$2\frac{1}{2}$
19	–	9	2	2	$1\frac{3}{4}$
20	–	9	6	–	1–
30	–	14	5	2	$1\frac{1}{2}$

Uber das Teneßberger Achtl.

Waitz.

Schl. Waitz.		Achtel.			Schl. Waitz		Achtel.		
fl.	kr.	fl.	kr.	pf.	fl.	kr.	fl.	kr.	pf.
6	-	3	4	2	10	30	5	23	-
6	10	3	9	3	10	40	5	28	1
6	20	3	14	3	10	50	5	33	1
6	30	3	20	-	11	-	5	38	2
6	40	3	25	-	11	10	5	43	2
6	50	3	30	1	11	20	5	48	3
7	-	3	35	1	11	30	5	53	3
7	10	3	40	2	11	40	5	59	-
7	20	3	45	2	11	50	6	4	-
7	30	3	50	3	12	-	6	9	1
7	40	3	55	3	12	10	6	14	2
7	50	4	1	-	12	20	6	19	2
8	-	4	6	1	12	30	6	24	3
8	10	4	11	1	12	40	6	29	3
8	20	4	16	2	12	50	6	35	-
8	30	4	21	2	13	-	6	40	-
8	40	4	26	3	13	10	6	45	1
8	50	4	31	3	13	20	6	50	1
9	-	4	37	-	13	30	6	55	2
9	10	4	42	-	13	40	7	-	2
9	20	4	47	1	13	50	7	5	3
9	30	4	52	1	14	-	7	10	3
9	40	4	57	2	14	10	7	16	-
9	50	5	2	2	14	20	7	21	-
10	-	5	7	3	14	30	7	26	1
10	10	5	12	3	14	40	7	31	1
10	20	5	18	-	14	50	7	36	2

Schl. Korn.		Achtel.			Schl. Korn.		Achtel.		
fl.	kr.	fl.	kr.	pf.	fl.	kr.	fl.	kr.	pf.
3	.	1	32	1	7	50	4	1	-
3	10	1	37	1	8	-	4	6	1
3	20	1	42	2	8	10	4	11	1
3	30	1	47	2	8	20	4	16	2
3	40	1	52	3	8	30	4	21	2
3	50	1	57	3	8	40	4	26	3
4	-	2	3	-	8	50	4	31	3
4	10	2	8	1	9	-	4	37	-
4	20	2	13	1	9	10	4	42	-
4	30	2	18	2	9	20	4	47	1
4	40	2	23	2	9	30	4	52	1
4	50	2	28	3	9	40	4	57	2
5	.	2	33	3	9	50	5	2	2
5	10	2	39	.	10	-	5	7	3
5	20	2	44	-	10	10	5	12	3
5	30	2	49	1	10	20	5	18	-
5	40	2	54	1	10	30	5	23	-
5	50	2	59	2	10	40	5	28	1
6	-	3	4	2	10	50	5	33	1
6	10	3	9	3	11	-	5	38	2
6	20	3	14	3	11	10	5	43	2
6	30	3	20	-	11	20	5	48	3
6	40	3	25	-	11	30	5	53	3
6	50	3	30	1	11	40	5	59	-
7	.	3	35	1	11	50	6	4	-
7	10	3	40	2	12	-	6	9	1
7	20	3	45	2	12	10	6	14	2
7	30	3	50	3	12	20	6	19	2
7	40	3	55	3	12	30	6	24	3

Schl. Gersten		Achtel.			Schl. Gersten		Achtel.		
fl.	kr.	fl.	kr.	pf.	fl.	kr.	fl.	kr.	pf.
3	-	1	43	2	7	50	4	30	1
3	10	1	49	1	8	-	4	36	1
3	20	1	55	-	8	10	4	42	-
3	30	2	-	3	8	20	4	47	3
3	40	2	6	2	8	30	4	53	2
3	50	2	12	1	8	40	4	59	1
4	-	2	18	-	8	50	5	5	-
4	10	2	23	3	9	-	5	10	3
4	20	2	29	2	9	10	5	16	2
4	30	2	35	1	9	20	5	22	1
4	40	2	41	-	9	30	5	28	-
4	50	2	46	3	9	40	5	33	3
5	-	2	52	2	9	50	5	39	2
5	10	2	58	1	10	-	5	45	1
5	20	3	4	-	10	10	5	51	-
5	30	3	9	3	10	20	5	56	3
5	40	3	15	2	10	30	6	2	2
5	50	3	21	1	10	40	6	8	1
6	-	3	27	-	10	50	6	14	-
6	10	3	32	3	11	-	6	19	3
6	20	3	38	2	11	10	6	25	2
6	30	3	44	1	11	20	6	31	1
6	40	3	50	-	11	30	6	37	-
6	50	3	55	3	11	40	6	42	3
7	-	4	1	2	11	50	6	48	2
7	10	4	7	1	12	-	6	54	1
7	20	4	13	-	12	10	7	-	-
7	30	4	18	3	12	20	7	5	3
7	40	4	24	2	12	30	7	11	2

Schl. Habern		.. Achtel.			Schl. Habern		.. Achtel		
fl.	kr.	fl.	kr.	pf.	fl.	kr.	fl.	kr.	pf.
2	-	-	59	-	6	50	3	22	1
2	10	1	4	-	7	-	3	27	-
2	20	1	9	-	7	10	3	32	-
2	30	1	13	3	7	20	3	37	-
2	40	1	18	3	7	30	3	41	3
2	50	1	23	3	7	40	3	46	3
3	-	1	28	3	7	50	3	51	3
3	10	1	33	2	8	-	3	56	3
3	20	1	38	2	8	10	4	1	2
3	30	1	43	2	8	20	4	6	2
3	40	1	48	2	8	30	4	11	2
3	50	1	53	1	8	40	4	16	2
4	-	1	58	1	8	50	4	21	1
4	10	2	3	1	9	-	4	26	1
4	20	2	8	1	9	10	4	31	1
4	30	2	13	-	9	20	4	36	1
4	40	2	18	-	9	30	4	41	-
4	50	2	23	-	9	40	4	46	-
5	-	2	27	3	9	50	4	51	-
5	10	2	32	3	10	-	4	55	3
5	20	2	37	3	10	10	5	-	3
5	30	2	42	3	10	20	5	5	3
5	40	2	47	2	10	30	5	10	3
5	50	2	52	2	10	40	5	15	2
6	-	2	57	2	10	50	5	20	2
6	10	3	2	2	11	-	5	25	2
6	20	3	7	1	11	10	5	30	2
6	30	3	12	1	11	20	5	35	1
6	40	3	17	1	12	30	5	40	1

Auf difen Amts-Caften würdet die Zilt-Schuldigkeit ebenfalls in einen fogenannten Achtl-Maaß eingebracht, welches fich nachftehend in der Münchner Mäfferey bezeigt hat, als bey

Waitz, und Korn.

Achtel.	Metzen.	Schaffl.	Metzen.	Viertl	Sechzehtl
-	1	-	-	1	1
-	2	-	-	2	2
-	3	-	-	3	3
-	4	-	1	1	-
-	5	-	1	2	1
-	6	-	1	3	2
-	7	-	2	-	3
1	-	-	2	2	-
2	-	-	5	-	-
3	-	1	1	2	-
4	-	1	4	-	-
5	-	2	-	2	-
6	-	2	3	-	-
7	-	2	5	2	-
8	-	3	2	-	-
9	-	3	4	2	-
10	-	4	1	-	-
11	-	4	3	2	-
12	-	5	-	-	-
13	-	5	2	2	-
14	-	5	5	-	-
15	-	6	1	2	-
16	-	6	4	-	-
17	-	7	-	2	-
18	-	7	3	-	-
19	-	7	5	2	-

Gersten.

Das hierzu gebrauchende Achtel ist gleichfalls stärcker, als jenes so zu Waitz, und Korn gebrauchet würdet, welches sich in der Münchner Mässerey nachstehendergestalten verificirt hat.

Gersten.

Achtel.	Metzen.	Schaffl.	Metzen	Viertling	Sechzehtl
1	-	-	2	2	$2\frac{1}{2}$
2	-	-	5	1	1-
3	-	1	1	3	$3\frac{1}{2}$
4	-	1	4	2	2-
5	-	2	1	1	$-\frac{1}{2}$
6	-	2	3	3	3-
7	-	3	-	2	$1\frac{1}{2}$
8	-	3	3	1	-
9	-	3	5	3	$2\frac{1}{2}$
10	-	4	2	2	1-
11	-	4	5	-	$3\frac{1}{2}$
12	-	5	1	3	2-
13	-	5	4	2	$-\frac{1}{2}$
14	-	6	1	-	3-
15	-	6	3	3	$1\frac{1}{2}$
16	-	7	-	2	-
17	-	7	3	-	$2\frac{1}{2}$
18	-	7	5	3	1-
19	-	8	2	1	$3\frac{1}{2}$
20	-	8	5	-	2-
30	-	13	1	2	3-

Habern.

Bey diſem iſt kein anders als das Gerſten-Achtl-Herkommens, diſorths aber ebenfalls nur mit Eintheilung des 7ten Münchner Metzen ein gantzes Schaffl hergeſtellt worden.

Habern.

Achtel.	Metzen	Schafft.	Metzen.	Vierling	Sechzehtl
1	-	-	2	2	$2\frac{1}{2}$
2	-	-	5	1	1-
3	-	1	-	3	$3\frac{1}{2}$
4	-	1	3	2	2-
5	-	1	6	1	$-\frac{1}{2}$
6	-	2	1	3	3-
7	-	2	4	2	$1\frac{1}{2}$
8	-	3	-	1	-
9	-	3	2	3	$2\frac{1}{2}$
10	-	3	5	2	1-
11	-	4	1	-	$3\frac{1}{2}$
12	-	4	3	3	2-
13	-	4	6	2	$-\frac{1}{2}$
14	-	5	2	-	3-
15	-	5	4	3	$1\frac{1}{2}$
16	-	6	-	2	-
17	-	6	3	-	$2\frac{1}{2}$
18	-	6	5	3	1-
19	-	7	1	1	$3\frac{1}{2}$
20	-	7	4	-	2-
30	-	11	2	2	3-

Schl. Waitz.		Achtel.			Schl. Waitz.		Achtel.		
fl.	kr.	fl.	kr.	pf.	fl.	kr.	fl.	kr.	pf.
6	-	2	30	-	10	40	4	26	2
6	10	2	34	-	10	50	4	30	3
6	20	2	38	1	11	-	4	35	-
6	30	2	42	2	11	10	4	39	-
6	40	2	46	2	11	20	4	43	1
6	50	2	50	3	11	30	4	47	2
7	-	2	55	-	11	40	4	51	2
7	10	2	59	-	11	50	4	55	3
7	20	3	3	1	12	-	5	-	-
7	30	3	7	2	12	10	5	4	-
7	40	3	11	2	12	20	5	8	1
7	50	3	15	3	12	30	5	12	2
8	-	3	20	-	12	40	5	16	2
8	10	3	24	-	12	50	5	20	3
8	20	3	28	1	13	-	5	25	-
8	30	3	32	2	13	10	5	29	-
8	40	3	36	2	13	20	5	33	1
8	50	3	40	3	13	30	5	37	2
9	-	3	45	-	13	40	5	41	2
9	10	3	49	-	13	50	5	45	3
9	20	3	53	1	14	-	5	50	-
9	30	3	57	2	14	10	5	54	-
9	40	4	1	2	14	20	5	58	1
9	50	4	5	3	14	30	6	2	2
10	-	4	10	-	14	40	6	6	2
10	10	4	14	-	14	50	6	10	3
10	20	4	18	1	15	-	6	15	-
10	30	4	22	2	15	10	6	19	-

| Schl. Korn. | | Achtel. | | | Schl Korn. | | Achtel. | | |
fl.	kr.	fl.	kr.	pf.	fl.	kr.	fl.	kr.	pf.
3	-	1	15	-	7	40	3	11	2
3	10	1	19	-	7	50	3	15	3
3	20	1	23	1	8	-	3	20	-
3	30	1	27	2	8	10	3	24	-
3	40	1	31	2	8	20	3	28	1
3	50	1	35	3	8	30	3	32	2
4	-	1	40	-	8	40	3	36	2
4	10	1	44	-	8	50	3	40	3
4	20	1	48	1	9	-	3	45	-
4	30	1	52	2	9	10	3	49	-
4	40	1	56	2	9	20	3	53	1
4	50	2	-	3	9	30	3	57	2
5	-	2	5	-	9	40	4	1	2
5	10	2	9	-	9	50	4	5	3
5	20	2	13	1	10	-	4	10	-
5	30	2	17	2	10	10	4	14	-
5	40	2	21	2	10	20	4	18	1
5	50	2	25	3	10	30	4	22	2
6	-	2	30	-	10	40	4	26	2
6	10	2	34	-	10	50	4	30	3
6	20	2	38	1	11	-	4	35	-
6	30	2	42	2	11	10	4	39	-
6	40	2	46	2	11	20	4	43	1
6	50	2	50	3	11	30	4	47	2
7	-	2	55	-	11	40	4	51	2
7	10	2	59	-	11	50	4	55	3
7	20	3	3	1	12	-	5	-	-
7	30	3	7	2	12	10	5	4	-

Schl.Gersten		Achtel.			Schl.Gersten		Achtel.		
fl.	kr.	fl.	kr.	pf.	fl.	kr.	fl.	kr.	pf.
3	-	1	19	2	7	50	3	28	-
3	10	1	24	-	8	-	3	32	2
3	20	1	28	2	8	10	3	36	3
3	30	1	32	3	8	20	3	41	1
3	40	1	37	1	8	30	3	45	3
3	50	1	41	3	8	40	3	50	-
4	-	1	46	1	8	50	3	54	2
4	10	1	50	2	9	-	3	59	-
4	20	1	55	-	9	10	4	3	1
4	30	1	59	2	9	20	4	7	3
4	40	2	3	3	9	30	4	12	1
4	50	2	8	1	9	40	4	16	3
5	-	2	12	3	9	50	4	21	-
5	10	2	17	-	10	-	4	25	2
5	20	2	21	2	10	10	4	30	-
5	30	2	26	-	10	20	4	34	1
5	40	2	30	2	10	30	4	38	3
5	50	2	34	3	10	40	4	43	1
6	-	2	39	1	10	50	4	47	3
6	10	2	43	3	11	-	4	52	-
6	20	2	48	-	11	10	4	56	2
6	30	2	52	2	11	20	5	1	-
6	40	2	57	-	11	30	5	5	1
6	50	3	1	2	11	40	5	9	3
7	-	3	5	3	11	50	5	14	1
7	10	3	10	1	12	-	5	18	3
7	20	3	14	3	12	10	5	23	-
7	30	3	19	-	12	20	5	27	2
7	40	3	23	2	12	30	5	32	-

Schl. Habern		Achtel			Schl. Habern		Achtel		
fl.	kr.	fl.	kr.	pf.	fl.	kr.	fl.	kr.	pf.
2	-	-	45	2	6	50	2	35	2
2	10	-	49	1	7	-	2	39	1
2	20	-	53	-	7	10	2	43	-
2	30	-	56	3	7	20	2	46	3
2	40	1	-	2	7	30	2	50	3
2	50	1	4	2	7	40	2	54	2
3	-	1	8	1	7	50	2	58	1
3	10	1	12	-	8	-	3	2	-
3	20	1	15	3	8	10	3	5	3
3	30	1	19	2	8	20	3	9	2
3	40	1	23	1	8	30	3	13	2
3	50	1	27	1	8	40	3	17	1
4	-	1	31	-	8	50	3	21	-
4	10	1	34	3	9	-	3	24	3
4	20	1	38	2	9	10	3	28	2
4	30	1	42	1	9	20	3	32	2
4	40	1	46	1	9	30	3	36	1
4	50	1	50	-	9	40	3	40	-
5	-	1	53	3	9	50	3	43	3
5	10	1	57	2	10	-	3	47	2
5	20	2	1	1	10	10	3	51	1
5	30	2	5	1	10	20	3	55	1
5	40	2	9	1	10	30	3	59	-
5	50	2	12	3	10	40	4	2	3
6	-	2	16	2	10	50	4	6	2
6	10	2	20	1	11	-	4	10	1
6	20	2	24	1	11	10	4	14	-
6	30	2	27	3	11	20	4	18	-
6	40	2	31	3	12	30	4	21	3

Wernberg.

Die Gilt- und Zehent-Getraider bey difem Pfleg-Amt werden gleichfalls in einen fogenanten Achtl-Maaß eingebracht, wobey nachftehende Reduction vorgekehrt worden, als bey

		Waitz, und Korn.			
Achtel.	Napf.	Schaffl.	Meßen.	Virtling	Sechzehtl
-	1	-	-	1	$2\frac{1}{4}$
-	2	•	-	3	$-\frac{1}{2}$
-	3	•	1	-	$2\frac{3}{4}$
-	4	•	1	2	1-
-	5	-	1	3	$3\frac{1}{4}$
-	6	-	2	1	$1\frac{1}{2}$
•	7	-	2	2	$3\frac{1}{2}$
1	•	-	3	-	$1\frac{3}{4}$
2	•	1	-	•	$3\frac{1}{2}$
3	-	1	3	1	$1\frac{1}{4}$
4	-	2	-	1	3-
5	•	2	3	2	$-\frac{3}{4}$
6	-	3	-	2	$2\frac{1}{2}$
7	-	3	3	3	$-\frac{1}{4}$
8	•	4	-	3	2-
9	-	4	3	3	$3\frac{3}{4}$
10	-	5	1	•	$1\frac{1}{2}$
11	-	5	4	•	$3\frac{1}{4}$
12	•	6	1	1	1-
13	-	6	4	1	$2\frac{3}{4}$
14	•	7	1	2	$-\frac{1}{2}$
15	-	7	4	2	$2\frac{1}{4}$
16	-	8	1	3	-

Gersten.

Hierzu ist ebenfalls ein rauches Achtel gebrauchet, und solches nachstehend reducirt worden.

Gersten.

Achtel.	Napf.	Schaffl.	Metzen.	Virtling	Sechzehtl
-	1	-	-	1	$3\frac{3}{4}$
-	2	-	-	3	$2\frac{1}{2}$
-	3	-	1	1	$1\frac{3}{4}$
-	4	-	1	3	1-
-	5	-	2	1	$-\frac{1}{4}$
-	6	-	2	2	$3\frac{1}{2}$
-	7	-	3	-	$2\frac{3}{4}$
1	-	-	3	2	$1\frac{3}{4}$
2	-	1	1	-	$3\frac{1}{2}$
3	-	1	4	3	$1\frac{1}{4}$
4	-	2	2	1	3-
5	-	3	-	-	$-\frac{3}{4}$
6	-	3	3	2	$2\frac{1}{2}$
7	-	4	1	1	$-\frac{1}{4}$
8	-	4	4	3	2-
9	-	5	2	1	$3\frac{3}{4}$
10	-	6	-	-	$1\frac{1}{8}$
11	-	6	3	2	$3\frac{1}{4}$
12	-	7	1	1	1-
13	-	7	4	3	$2\frac{3}{4}$
14	-	8	2	2	$-\frac{1}{2}$
15	-	9	-	-	$2\frac{1}{4}$
16	-	9	3	3	-

Habern.

Das Achtl, und der Napf ist dem Gersten-Maaß gleichhaltig, und also dißorths nur mit dem 7ten Metzen-
Theil das Münchner Haber-Schäffl herge-
stellet worden.

Habern.

Achtel.	Napf.	Schaffl.	Metzen.	Vierling.	Sechzehtl
1	-	-	3	2	$1\frac{3}{4}$
2	-	1	-	-	$3\frac{1}{5}$
3	-	1	3	3	$1\frac{1}{4}$
4	-	2	-	1	3 -
5	-	2	4	-	- $\frac{3}{4}$
6	-	3	-	2	$2\frac{1}{2}$
7	-	3	4	1	- $\frac{1}{4}$
8	-	4	-	3	2 -
9	-	4	4	1	$3\frac{3}{4}$
10	-	5	1	-	$1\frac{1}{2}$
11	-	5	4	2	$3\frac{1}{4}$
12	-	6	1	1	1 -
13	-	6	4	3	$2\frac{3}{4}$
14	-	7	1	2	- $\frac{1}{2}$
15	-	7	5	-	$2\frac{1}{4}$
16	-	8	1	3	-
17	-	8	5	1	$1\frac{3}{4}$
18	-	9	1	3	$3\frac{1}{2}$
19	-	9	5	2	$1\frac{1}{4}$
20	-	10	2	-	3 -
30	-	15	3	1	- $\frac{1}{2}$

Uber das Wernberger Achtel.

Waiz.

Schl. Waiz.		Achtel			Schl. Waiz.		Achtel		
fl.	kr.	fl.	kr.	pf.	fl.	kr.	fl.	kr.	pf.
6	-	3	6	2	10	30	5	26	1
6	10	3	11	2	10	40	5	31	2
6	20	3	16	3	10	50	5	36	3
6	30	3	22	-	11	-	5	42	-
6	40	3	27	1	11	10	5	47	-
6	50	3	32	1	11	20	5	52	1
7	-	3	37	2	11	30	5	57	2
7	10	3	42	3	11	40	6	2	3
7	20	3	48	-	11	50	6	7	3
7	30	3	53	-	12	-	6	13	-
7	40	3	58	1	12	10	6	18	1
7	50	4	3	2	12	20	6	23	1
8	-	4	8	3	12	30	6	28	2
8	10	4	13	3	12	40	6	33	3
8	20	4	19	-	12	50	6	39	-
8	30	4	24	1	13	-	6	44	-
8	40	4	29	1	13	10	6	49	1
8	50	4	34	2	13	20	6	54	2
9	-	4	39	3	13	30	6	59	3
9	10	4	45	-	13	40	7	4	3
9	20	4	50	-	13	50	7	10	-
9	30	4	55	1	14	-	7	15	1
9	40	5	-	2	14	10	7	20	2
9	50	5	5	3	14	20	7	25	2
10	-	5	10	3	14	30	7	30	3
10	10	5	16	-	14	40	7	36	-
10	20	5	21	1	14	50	7	41	-

Schl. Korn.		Achtel.			Schl. Korn.		Achtel.		
fl.	kr.	fl.	kr.	pf.	fl.	kr.	fl.	kr.	pf.
3	.	1	33	1	7	50	4	3	2
3	10	1	38	1	8	-	4	8	3
3	20	1	43	2	8	10	4	13	3
3	30	1	48	3	8	20	4	19	-
3	40	1	54	-	8	30	4	24	1
3	50	1	59	-	8	40	4	29	1
4	.	2	4	1	8	50	4	34	2
4	10	2	9	2	9	-	4	39	3
4	20	2	14	2	9	10	4	45	-
4	30	2	19	3	9	20	4	50	-
4	40	2	25	.	9	30	4	55	1
4	50	2	30	1	9	40	5	.	2
5	.	2	35	1	9	50	5	5	3
5	10	2	40	2	10	-	5	10	3
5	20	2	45	3	10	10	5	16	-
5	30	2	51	-	10	20	5	21	1
5	40	2	56	-	10	30	5	26	1
5	50	3	1	1	10	40	5	31	2
6	-	3	6	2	10	50	5	36	3
6	10	3	11	2	11	-	5	42	-
6	20	3	16	3	11	10	5	47	-
6	30	3	22	-	11	20	5	52	1
6	40	3	27	1	11	30	5	57	2
6	50	3	32	1	11	40	6	2	3
7	.	3	37	2	11	50	6	7	3
7	10	3	42	3	12	.	6	13	-
7	20	3	48	-	12	10	6	18	1
7	30	3	53	-	12	20	6	23	1
7	40	3	58	1	12	30	6	28	2

Schl.Gersten		Achtel			Schl.Gersten		Achtel		
fl.	kr.	fl.	kr.	pf.	fl.	kr.	fl.	kr.	pf.
3	.	1	48	1	7	50	4	42	2
3	10	1	54	1	8	-	4	48	3
3	20	2	-	1	8	10	4	54	3
3	30	2	6	1	8	20	5	-	3
3	40	2	12	1	8	30	5	6	3
3	50	2	18	1	8	40	5	12	3
4	-	2	24	1	8	50	5	18	3
4	10	2	30	1	9	-	5	24	3
4	20	2	36	1	9	10	5	30	3
4	30	2	42	1	9	20	5	36	3
4	40	2	48	1	9	30	5	42	3
4	50	2	54	1	9	40	5	48	3
5	-	3	-	1	9	50	5	54	3
5	10	3	6	1	10	-	6	-	3
5	20	3	12	2	10	10	6	6	3
5	30	3	18	2	10	20	6	12	3
5	40	3	24	2	10	30	6	18	3
5	50	3	30	2	10	40	6	25	-
6	-	3	36	2	10	50	6	31	-
6	10	3	42	2	11	-	6	37	-
6	20	3	48	2	11	10	6	43	-
6	30	3	54	2	11	20	6	49	-
6	40	4	-	2	11	30	6	55	-
6	50	4	6	2	11	40	7	1	-
7	-	4	12	2	11	50	7	7	-
7	10	4	18	2	12	-	7	13	-
7	20	4	24	2	12	10	7	19	-
7	30	4	30	2	12	20	7	25	-
7	40	4	36	2	12	30	7	31	-

Schl.Habern		Achtel			Schl.Habern		Achtel		
fl.	kr.	fl.	kr.	pf.	fl.	kr.	fl.	kr.	pf.
2	-	1	1	3	6	50	3	31	1
2	10	1	7	-	7	-	3	36	2
2	20	1	12	-	7	10	3	41	3
2	30	1	17	1	7	20	3	46	3
2	40	1	22	2	7	30	3	52	-
2	50	1	27	2	7	40	3	57	-
3	-	1	32	3	7	50	4	2	1
3	10	1	37	3	8	-	4	7	2
3	20	1	43	-	8	10	4	12	2
3	30	1	48	1	8	20	4	17	3
3	40	1	53	1	8	30	4	22	3
3	50	1	58	2	8	40	4	28	-
4	-	2	3	3	8	50	4	33	1
4	10	2	8	3	9	-	4	38	1
4	20	2	14	-	9	10	4	43	2
4	30	2	19	-	9	20	4	48	3
4	40	2	24	1	9	30	4	53	3
4	50	2	29	2	9	40	4	59	-
5	-	2	34	2	9	50	5	4	-
5	10	2	39	3	10	-	5	9	1
5	20	2	45	-	10	10	5	14	2
5	30	2	50	-	10	20	5	19	2
5	40	2	55	1	10	30	5	24	3
5	50	3	-	1	10	40	5	30	-
6	-	3	5	2	10	50	5	35	-
6	10	3	10	3	11	-	5	40	1
6	20	3	15	3	11	10	5	45	1
6	30	3	21	-	11	20	5	50	2
6	40	3	26	1	11	30	5	55	3

Anhang,

Wie hoch nach der neuen Måfferey ein Münchner Metzen, so andere Minuto-Theile in vorgehenden Preyse zu stehen kommen, wobey nicht minder diejenige Brüch, so nicht gar einen Pfenning erreichen, auch dißorths anzusetzen unterlassen worden.

Schaffl Waitz pr. 6 fl. -				pr. 6 fl. 30 kr.			
Metzen.	fl.	kr.	pf.	Metzen.	fl.	kr.	pf.
5	5	-	-	5	5	25	-
4	4	-	-	4	4	20	-
3	3	-	-	3	3	15	-
2	2	-	-	2	2	10	-
1	1	-	-	1	1	5	-
1/2	-	30	-	1/2	-	32	2
1/4	-	15	-	1/4	-	16	1
1/16	-	3	3	1/16	-	4	-

pr. 6 fl. 10 kr.				pr. 6 fl. 40 kr.			
5	5	8	1	5	5	33	1
4	4	6	2	4	4	26	2
3	3	5	-	3	3	20	-
2	2	3	1	2	2	13	1
1	1	1	2	1	1	6	2
1/2	-	30	3	1/2	-	33	1
1/4	-	15	1	1/4	-	16	2
1/16	-	3	3	1/16	-	4	-

pr. 6 fl. 20 kr.				pr. 6 fl. 50 kr.			
5	5	16	2	5	5	41	2
4	4	13	1	4	4	33	1
3	3	10	-	3	3	25	-
2	2	6	1	2	2	16	2
1	1	3	1	1	1	28	1
1/2	-	31	2	1/2	-	44	-
1/4	-	15	3	1/4	-	22	-
1/16	-	3	3	1/16	-	5	2

Schaffl Waitz pr. 7 fl. - || pr. 7 fl. 30 kr.

Metzen.	fl.	kr.	pf.		Metzen.	fl.	kr.	pf.
5	5	50	.		5	6	15	-
4	4	40	-		4	5	-	-
3	3	30	.		3	3	45	-
2	2	20	.		2	2	30	-
1	1	10	-		1	1	15	-
$\frac{1}{2}$	-	35	-		$\frac{1}{2}$	-	37	2
$\frac{1}{4}$	-	17	2		$\frac{1}{4}$	-	18	3
$\frac{1}{16}$	-	4	1		$\frac{1}{16}$	-	4	2

pr. 7 fl. 10 kr. || pr. 7 fl. 40 kr.

Metzen.	fl.	kr.	pf.		Metzen.	fl.	kr.	pf.
5	5	58	1		5	6	23	1
4	4	46	2		4	5	6	2
3	3	35	-		3	3	50	-
2	2	23	1		2	2	33	1
1	1	11	2		1	1	16	2
$\frac{1}{2}$	-	35	3		$\frac{1}{2}$	-	38	1
$\frac{1}{4}$	-	17	3		$\frac{1}{4}$	-	19	-
$\frac{1}{16}$	-	4	1		$\frac{1}{16}$	-	4	3

pr. 7 fl. 20 kr. || pr. 7 fl. 50 kr.

Metzen.	fl.	kr.	pf.		Metzen.	fl.	kr.	pf.
5	6	6	2		5	6	31	2
4	4	53	1		4	5	13	1
3	3	40	-		3	3	55	-
2	2	26	2		2	2	36	2
1	1	13	1		1	1	18	1
$\frac{1}{2}$	-	36	2		$\frac{1}{2}$	-	39	-
$\frac{1}{4}$	-	18	1		$\frac{1}{4}$	-	19	2
$\frac{1}{16}$	-	4	2		$\frac{1}{16}$	-	4	3

Schaffl Waitz pr. 8 fl. — | | **pr. 8 fl. 30 kr.**

Metzen	fl	kr	pf		Metzen	fl	kr	pf
5	6	40	-		5	7	5	-
4	5	20	-		4	5	40	-
3	4	-	-		3	4	15	-
2	2	40	-		2	2	50	-
1	1	20	-		1	1	25	-
1/2	-	40	-		1/2	-	42	2
1/4	-	20	-		1/4	-	21	1
1/16	-	5	-		1/16	-	5	1

pr. 8 fl. 10 kr. | | **pr. 8 fl. 40 kr.**

Metzen	fl	kr	pf		Metzen	fl	kr	pf
5	6	48	1		5	7	13	1
4	5	26	2		4	5	46	2
3	4	5	-		3	4	20	-
2	2	43	1		2	2	53	1
1	1	21	2		1	1	26	2
1/2	-	40	3		1/2	-	43	1
1/4	-	20	1		1/4	-	21	2
1/16	-	5	-		1/16	-	5	1

pr. 8 fl. 20 kr. | | **pr. 8 fl. 50 kr.**

Metzen	fl	kr	pf		Metzen	fl	kr	pf
5	6	56	2		5	7	21	2
4	5	33	1		4	5	53	1
3	4	10	-		3	4	25	-
2	2	46	2		2	2	56	2
1	1	23	1		1	1	28	1
1/2	-	41	2		1/2	-	44	-
1/4	-	20	3		1/4	-	22	-
1/16	-	5	-		1/16	-	5	2

Schaffl Waiß pr. 9 fl. -					pr. 9 fl. 30 kr.			
Metzen.	fl.	kr.	pf.		Metzen.	fl.	kr.	pf.
5	7	30	-		5	7	55	-
4	6	-	-		4	6	20	-
3	4	30	-		3	4	45	-
2	3	-	-		2	3	10	-
1	1	30	-		1	1	35	-
$\frac{1}{2}$	-	45	-		$\frac{1}{2}$	-	47	2
$\frac{1}{4}$	-	22	2		$\frac{1}{4}$	-	23	3
$\frac{1}{16}$	-	5	2		$\frac{1}{16}$	-	5	3
pr. 9 fl. 10 kr.					pr. 9 fl. 40 kr.			
5	7	38	1		5	8	3	1
4	6	6	2		4	6	26	2
3	4	35	-		3	4	50	-
2	3	3	1		2	3	13	1
1	1	31	2		1	1	36	2
$\frac{1}{2}$	-	45	3		$\frac{1}{2}$	-	48	1
$\frac{1}{4}$	-	22	3		$\frac{1}{4}$	-	24	-
$\frac{1}{16}$	-	5	2		$\frac{1}{16}$	-	6	-
pr. 9 fl. 20 kr.					pr. 9 fl. 50 kr.			
5	7	46	2		5	8	11	2
4	6	13	1		4	6	33	1
3	4	40	-		3	4	55	-
2	3	6	2		2	3	16	2
1	1	33	1		1	1	38	1
$\frac{1}{2}$	-	46	2		$\frac{1}{2}$	-	49	-
$\frac{1}{4}$	-	23	1		$\frac{1}{4}$	-	24	2
$\frac{1}{16}$	-	5	3		$\frac{1}{16}$	-	6	-

Schaffl Waitz pr. 10 fl. –   **pr. 10 fl. 30 kr.**

Metzen.	fl.	kr.	pf.	Metzen.	fl.	kr.	pf.
5	8	20	–	5	8	45	–
4	6	40	–	4	7	–	–
3	5	–	–	3	5	15	–
2	3	20	–	2	3	30	–
1	1	40	–	1	1	45	–
$\frac{1}{2}$	–	50	–	$\frac{1}{2}$	–	52	2
$\frac{1}{4}$	–	25	–	$\frac{1}{4}$	–	26	1
$\frac{1}{16}$	–	6	1	$\frac{1}{16}$	–	6	2

pr. 10 fl. 10 kr.   **pr. 10 fl. 40 kr.**

Metzen.	fl.	kr.	pf.	Metzen.	fl.	kr.	pf.
5	8	28	1	5	8	53	1
4	6	46	2	4	7	6	2
3	5	5	–	3	5	20	–
2	3	23	1	2	3	33	1
1	1	41	2	1	1	46	2
$\frac{1}{2}$	–	50	3	$\frac{1}{2}$	–	53	1
$\frac{1}{4}$	–	25	1	$\frac{1}{4}$	–	26	2
$\frac{1}{16}$	–	6	1	$\frac{1}{16}$	–	6	2

pr. 10 fl. 20 kr.   **pr. 10 fl. 50 kr.**

Metzen.	fl.	kr.	pf.	Metzen.	fl.	kr.	pf.
5	8	36	2	5	9	1	2
4	6	53	1	4	7	13	1
3	5	10	–	3	5	25	–
2	3	26	2	2	3	36	2
1	1	43	1	1	1	48	1
$\frac{1}{2}$	–	51	2	$\frac{1}{2}$	–	54	–
$\frac{1}{4}$	–	25	3	$\frac{1}{4}$	–	27	–
$\frac{1}{16}$	–	6	1	$\frac{1}{16}$	–	6	3

Schaffl Waitz pr. 11 fl. - || **pr. 11 fl. 30 kr.**

Metzen.	fl.	kr.	pf.	Metzen.	fl.	kr.	pf.
5	9	10	-	5	9	35	-
4	7	20	-	4	7	40	-
3	5	30	-	3	5	45	-
2	3	40	-	2	3	50	-
1	1	50	-	1	1	55	-
1/2	-	55	-	1/2	-	57	2
1/4	-	27	2	1/4	-	28	3
1/16	-	6	3	1/16	-	7	-

pr. 11 fl. 10 kr. || **pr. 11 fl. 40 kr.**

Metzen.	fl.	kr.	pf.	Metzen.	fl.	kr.	pf.
5	9	18	1	5	9	43	1
4	7	26	2	4	7	46	2
3	5	35	-	3	5	50	-
2	3	43	1	2	3	53	1
1	1	51	2	1	1	56	2
1/2	-	55	3	1/2	-	58	1
1/4	-	27	3	1/4	-	29	-
1/16	-	6	3	1/16	-	7	1

pr. 11 fl. 20 kr. || **pr. 11 fl. 50 kr.**

Metzen.	fl.	kr.	pf.	Metzen.	fl.	kr.	pf.
5	9	26	2	5	9	51	2
4	7	33	1	4	7	53	1
3	5	40	-	3	5	55	-
2	3	46	2	2	3	56	2
1	1	53	1	1	1	58	1
1/2	-	56	2	1/2	-	59	-
1/4	-	28	1	1/4	-	29	2
1/16	-	7	-	1/16	-	7	1

Schaffl Waitz pr. 12 fl. - || **pr. 12 fl. 30 kr.**

Metzen.	fl.	kr.	pf.	Metzen.	fl.	kr.	pf.
5	10	-	-	5	10	25	-
4	8	-	-	4	8	20	-
3	6	-	-	3	6	15	-
2	4	-	-	2	4	10	-
1	2	-	-	1	2	5	-
1/2	1	-	-	1/2	1	2	2
1/4	-	30	-	1/4	-	31	1
1/16	-	7	2	1/16	-	7	3

pr. 12 fl. 10 kr. || **pr. 12 fl. 40 kr.**

Metzen.	fl.	kr.	pf.	Metzen.	fl.	kr.	pf.
5	10	8	1	5	10	33	1
4	8	6	2	4	8	26	2
3	6	5	-	3	6	20	-
2	4	3	1	2	4	13	1
1	2	1	2	1	2	6	2
1/2	1	-	3	1/2	1	3	1
1/4	-	30	1	1/4	-	31	2
1/16	-	7	2	1/16	-	7	3

pr. 12 fl. 20 kr. || **pr. 12 fl. 50 kr.**

Metzen.	fl.	kr.	pf.	Metzen.	fl.	kr.	pf.
5	10	16	2	5	10	41	2
4	8	13	1	4	8	33	1
3	6	10	-	3	6	25	-
2	4	6	2	2	4	16	2
1	2	3	1	1	2	8	1
1/2	1	1	2	1/2	1	4	-
1/4	-	30	3	1/4	-	32	-
1/16	-	7	2	1/16	-	8	-

Schaffl Waitz pr. 13 fl. - || **pr. 13 fl. 30 kr.**

Metzen.	fl.	kr.	pf.		Metzen.	fl.	kr.	pf.
5	10	50	-		5	11	15	-
4	8	40	-		4	9	-	-
3	6	30	-		3	6	45	-
2	4	20	-		2	4	30	-
1	2	10	-		1	2	15	-
$\frac{1}{2}$	1	5	-		$\frac{1}{2}$	1	7	2
$\frac{1}{4}$	-	32	2		$\frac{1}{4}$	-	33	3
$\frac{1}{16}$	-	8	-		$\frac{1}{16}$	-	8	1

pr. 13 fl. 10 kr. || **pr. 13 fl. 40 kr.**

Metzen.	fl.	kr.	pf.		Metzen.	fl.	kr.	pf.
5	10	58	1		5	11	23	1
4	8	46	2		4	9	6	2
3	6	35	-		3	6	50	-
2	4	23	1		2	4	33	1
1	2	11	2		1	2	16	2
$\frac{1}{2}$	1	5	3		$\frac{1}{2}$	1	8	1
$\frac{1}{4}$	-	32	3		$\frac{1}{4}$	-	34	-
$\frac{1}{16}$	-	8	-		$\frac{1}{16}$	-	8	2

pr. 13 fl. 20 kr. || **pr. 13 fl. 50 kr.**

Metzen.	fl.	kr.	pf.		Metzen.	fl.	kr.	pf.
5	11	6	2		5	11	31	2
4	8	53	1		4	9	13	1
3	6	40	-		3	6	55	-
2	4	26	2		2	4	36	2
1	2	13	1		1	2	18	1
$\frac{1}{2}$	1	6	2		$\frac{1}{2}$	1	9	-
$\frac{1}{4}$	-	33	1		$\frac{1}{4}$	-	34	2
$\frac{1}{16}$	-	8	1		$\frac{1}{16}$	-	8	2

Schaffl Waitz pr. 14 fl. - || pr. 14 fl. 30 kr.

Metzen.	fl.	kr.	pf.		Metzen.	fl.	kr.	pf.
5	11	40	-		5	12	5	-
4	9	20	-		4	9	40	-
3	7	-	-		3	7	15	-
2	4	40	-		2	4	50	-
1	2	20	-		1	2	25	-
$\frac{1}{2}$	1	10	-		$\frac{1}{2}$	1	12	2
$\frac{1}{4}$	-	35	-		$\frac{1}{4}$	-	36	1
$\frac{1}{16}$	-	8	3		$\frac{1}{16}$	-	9	-

pr. 14 fl. 10 kr. || pr. 14 fl. 40 kr.

Metzen.	fl.	kr.	pf.		Metzen.	fl.	kr.	pf.
5	11	48	1		5	12	13	1
4	9	26	2		4	9	46	2
3	7	5	-		3	7	20	-
2	4	43	1		2	4	53	1
1	2	21	2		1	2	26	2
$\frac{1}{2}$	1	10	3		$\frac{1}{2}$	1	13	1
$\frac{1}{4}$	-	35	1		$\frac{1}{4}$	-	36	2
$\frac{1}{16}$	-	8	3		$\frac{1}{16}$	-	9	-

pr. 14 fl. 20 kr. || pr. 14 fl. 50 kr.

Metzen.	fl.	kr.	pf.		Metzen.	fl.	kr.	pf.
5	11	56	2		5	12	21	2
4	9	33	1		4	9	53	1
3	7	10	-		3	7	25	-
2	4	46	2		2	4	56	2
1	2	23	1		1	2	28	1
$\frac{1}{2}$	1	11	2		$\frac{1}{2}$	1	14	-
$\frac{1}{4}$	-	35	3		$\frac{1}{4}$	-	37	-
$\frac{1}{16}$	-	8	3		$\frac{1}{16}$	-	9	1

Schaffl Waitz pr. 15 fl. — **pr. 15 fl. 30 kr.**

Metzen.	fl.	kr.	pf. || Metzen.	fl.	kr.	pf.
5	12	30	- || 5	12	55	-
4	10	-	- || 4	10	20	-
3	7	30	- || 3	7	45	-
2	5	-	- || 2	5	30	-
1	2	30	- || 1	2	35	-
1/2	1	15	- || 1/2	1	17	2
1/4	-	37	2 || 1/4	-	38	3
1/16	-	9	1 || 1/16	-	9	2

pr. 15 fl. 10 kr. — **pr. 15 fl. 40 kr.**

Metzen.	fl.	kr.	pf.		Metzen.	fl.	kr.	pf.
5	12	38	1		5	13	3	1
4	10	6	2		4	10	26	2
3	7	35	-		3	7	50	-
2	5	3	1		2	5	13	1
1	2	31	2		1	2	36	2
1/2	1	15	3		1/2	1	18	1
1/4	-	37	3		1/4	-	39	-
1/16	-	9	1		1/16	-	9	3

pr. 15 fl. 20 kr. — **pr. 15 fl. 50 kr.**

Metzen.	fl.	kr.	pf.		Metzen.	fl.	kr.	pf.
5	12	46	2		5	13	11	2
4	10	13	1		4	10	33	1
3	7	40	-		3	7	55	-
2	5	6	2		2	5	16	2
1	2	33	1		1	2	38	1
1/2	1	16	2		1/2	1	19	-
1/4	-	38	1		1/4	-	39	2
1/16	-	9	2		1/16	-	9	3

Schaffl Korn pr. 3 fl. – || **pr. 3 fl. 30 kr.**

Metzen.	fl.	kr.	pf.	Metzen.	fl.	kr.	pf.
5	2	30	–	5	2	55	–
4	2	–	–	4	2	20	–
3	1	30	–	3	1	45	–
2	1	–	–	2	1	10	–
1	–	30	–	1	–	35	–
$\frac{1}{2}$	–	15	–	$\frac{1}{2}$	–	17	2
$\frac{1}{4}$	–	7	2	$\frac{1}{4}$	–	8	3
$\frac{1}{16}$	–	1	3	$\frac{1}{16}$	–	2	–

pr. 3 fl. 10 kr. || **pr. 3 fl. 40 kr.**

Metzen.	fl.	kr.	pf.	Metzen.	fl.	kr.	pf.
5	2	38	1	5	3	3	1
4	2	6	2	4	2	26	2
3	1	35	–	3	1	50	–
2	1	3	1	2	1	13	1
1	–	31	2	1	–	36	2
$\frac{1}{2}$	–	15	3	$\frac{1}{2}$	–	18	1
$\frac{1}{4}$	–	7	3	$\frac{1}{4}$	–	9	–
$\frac{1}{16}$	–	1	3	$\frac{1}{16}$	–	2	1

pr. 3 fl. 20 kr. || **pr. 3 fl. 50 kr.**

Metzen.	fl.	kr.	pf.	Metzen.	fl.	kr.	pf.
5	2	46	2	5	3	11	2
4	2	13	1	4	2	33	1
3	1	40	–	3	1	55	–
2	1	6	2	2	1	16	2
1	–	33	2	1	–	38	1
$\frac{1}{2}$	–	16	2	$\frac{1}{2}$	–	19	–
$\frac{1}{4}$	–	8	1	$\frac{1}{4}$	–	9	2
$\frac{1}{16}$	–	2	–	$\frac{1}{16}$	–	2	1

Schäffl Korn pr. 4 fl. -				Metzen.	pr. 4 fl. 30 kr.		
Metzen.	fl.	kr.	pf.	Metzen.	fl.	kr.	pf.
5	3	20	-	5	3	45	-
4	2	40	•	4	3	-	-
3	2	•	-	3	2	15	-
2	1	20	-	2	1	30	-
1	•	40	-	1	-	45	-
$\frac{1}{2}$	-	20	-	$\frac{1}{2}$	-	22	2
$\frac{1}{4}$	•	10	-	$\frac{1}{4}$	-	11	1
$\frac{1}{16}$	-	2	2	$\frac{1}{16}$	-	2	3

pr. 4 fl. 10 kr.				pr. 4 fl. 40 kr.			
5	3	28	1	5	3	53	1
4	2	46	2	4	3	6	2
3	2	5	-	3	2	20	-
2	1	23	1	2	1	33	1
1	-	41	2	1	-	46	2
$\frac{1}{2}$	-	20	3	$\frac{1}{2}$	-	23	1
$\frac{1}{4}$	-	10	1	$\frac{1}{4}$	-	11	2
$\frac{1}{16}$	•	2	2	$\frac{1}{16}$	-	2	3

pr. 4 fl. 20 kr.				pr. 4 fl. 50 kr.			
5	3	36	2	5	4	1	2
4	2	53	1	4	3	13	1
3	2	10	-	3	2	25	-
2	1	26	2	2	1	36	2
1	-	43	1	1	-	48	1
$\frac{1}{2}$	-	21	2	$\frac{1}{2}$	-	24	-
$\frac{1}{4}$	-	10	3	$\frac{1}{4}$	-	12	-
$\frac{1}{16}$	•	2	2	$\frac{1}{16}$	-	3	-

Schaffl Korn pr. 5 fl. - || **pr. 5 fl. 30 kr.**

Metzen.	fl.	kr.	pf.	Metzen.	fl.	kr.	pf.
5	4	10	-	5	4	35	-
4	3	20	-	4	3	40	-
3	2	30	-	3	2	45	-
2	1	40	-	2	1	50	-
1	-	50	-	1	-	55	-
$\frac{1}{2}$	-	25	-	$\frac{1}{2}$	-	27	2
$\frac{1}{4}$	-	12	2	$\frac{1}{4}$	-	13	3
$\frac{1}{16}$	-	3	-	$\frac{1}{16}$	-	3	1

pr. 5 fl. 10 kr. || **pr. 5 fl. 40 kr.**

Metzen.	fl.	kr.	pf.	Metzen.	fl.	kr.	pf.
5	4	18	1	5	4	43	1
4	3	26	2	4	3	46	2
3	2	35	-	3	2	50	-
2	1	43	1	2	1	53	1
1	-	51	2	1	-	56	2
$\frac{1}{2}$	-	25	3	$\frac{1}{2}$	-	28	1
$\frac{1}{4}$	-	12	3	$\frac{1}{4}$	-	14	-
$\frac{1}{16}$	-	3	-	$\frac{1}{16}$	-	3	2

pr. 5 fl. 20 kr. || **pr. 5 fl. 50 kr.**

Metzen.	fl.	kr.	pf.	Metzen.	fl.	kr.	pf.
5	4	26	2	5	4	51	2
4	3	33	1	4	3	53	1
3	2	40	-	3	2	55	-
2	1	46	2	2	1	56	2
1	-	53	1	1	-	58	1
$\frac{1}{2}$	-	26	2	$\frac{1}{2}$	-	29	-
$\frac{1}{4}$	-	13	1	$\frac{1}{4}$	-	14	2
$\frac{1}{16}$	-	3	1	$\frac{1}{16}$	-	3	2

Schaffl Korn pr. 6 fl. –				pr. 6 fl. 30 kr.			
Metzen.	fl.	kr.	pf.	Metzen.	fl.	kr.	pf.
5	5	–	–	5	5	25	–
4	4	–	–	4	4	20	–
3	3	–	–	3	3	15	–
2	2	–	–	2	2	10	–
1	1	–	–	1	1	5	–
1/2	–	30	–	1/2	–	32	2
1/4	–	15	–	1/4	–	16	1
1/16	–	3	3	1/16	–	4	–

pr. 6 fl. 10 kr.				pr. 6 fl. 40 kr.			
5	5	8	1	5	5	33	1
4	4	6	2	4	4	26	2
3	3	5	–	3	3	20	–
2	2	3	1	2	2	13	1
1	1	1	2	1	1	6	2
1/2	–	30	3	1/2	–	33	1
1/4	–	15	1	1/4	–	16	2
1/16	–	3	3	1/16	–	4	–

pr. 6 fl. 20 kr.				pr. 6 fl. 50 kr.			
5	5	16	2	5	5	41	2
4	4	13	1	4	4	33	1
3	3	10	–	3	3	25	–
2	2	6	2	2	2	16	2
1	1	3	1	1	1	8	1
1/2	–	31	2	1/2	–	34	–
1/4	–	15	3	1/4	–	17	–
1/16	–	3	3	1/16	–	4	1

Schaffl Korn pr. 7 fl. - || pr. 7 fl. 30 kr.

Metzen.	fl.	kr.	pf.	Metzen.	fl.	kr.	pf.
5	5	50	-	5	6	15	-
4	4	40	-	4	5	-	-
3	3	30	-	3	3	45	-
2	2	20	-	2	2	30	-
1	1	10	-	1	1	15	-
$\frac{1}{2}$	-	35	-	$\frac{1}{2}$	-	37	2
$\frac{1}{4}$	-	17	2	$\frac{1}{4}$	-	18	3
$\frac{1}{16}$	-	4	1	$\frac{1}{16}$	-	4	2

pr. 7 fl. 10 kr. || pr. 7 fl. 40 kr.

Metzen.	fl.	kr.	pf.	Metzen.	fl.	kr.	pf.
5	5	58	1	5	6	23	1
4	4	46	2	4	5	6	2
3	3	35	-	3	3	50	-
2	2	23	1	2	2	33	1
1	1	11	2	1	1	16	2
$\frac{1}{2}$	-	35	3	$\frac{1}{2}$	-	38	1
$\frac{1}{4}$	-	17	3	$\frac{1}{4}$	-	19	-
$\frac{1}{16}$	-	4	1	$\frac{1}{16}$	-	4	3

pr. 7 fl. 20 kr. || pr. 7 fl. 50 kr.

Metzen.	fl.	kr.	pf.	Metzen.	fl.	kr.	pf.
5	6	6	2	5	6	31	2
4	4	53	1	4	5	13	1
3	3	40	-	3	3	55	-
2	2	26	2	2	2	36	2
1	1	13	1	1	1	18	1
$\frac{1}{2}$	-	36	2	$\frac{1}{2}$	-	39	-
$\frac{1}{4}$	-	18	1	$\frac{1}{4}$	-	19	2
$\frac{1}{16}$	-	4	2	$\frac{1}{16}$	-	4	3

Schaffl Korn pr. 8 fl. - || pr. 8 fl. 30 kr.

Metzen.	fl.	kr.	pf.	Metzen.	fl.	kr.	pf.
5	6	40	-	5	7	5	-
4	5	20	-	4	5	40	-
3	4	.	-	3	4	15	-
2	2	40	-	2	2	50	-
1	1	20	-	1	1	25	-
$\frac{1}{2}$	-	40	-	$\frac{1}{2}$	-	42	2
$\frac{1}{4}$	-	20	-	$\frac{1}{4}$	-	21	1
$\frac{1}{16}$	-	5	-	$\frac{1}{16}$	-	5	1

pr. 8 fl. 10 kr. || pr. 8 fl. 40 kr.

Metzen.	fl.	kr.	pf.	Metzen.	fl.	kr.	pf.
5	6	48	1	5	7	13	1
4	5	26	2	4	5	46	2
3	4	5	-	3	4	20	-
2	2	43	1	2	2	53	1
1	1	21	2	1	1	26	2
$\frac{1}{2}$	-	40	3	$\frac{1}{2}$	-	43	1
$\frac{1}{4}$	-	20	1	$\frac{1}{4}$	-	21	2
$\frac{1}{16}$	-	5	-	$\frac{1}{16}$	-	5	1

pr. 8 fl. 20 kr. || pr. 8 fl. 50 kr.

Metzen.	fl.	kr.	pf.	Metzen.	fl.	kr.	pf.
5	6	56	2	5	7	21	2
4	5	33	1	4	5	53	1
3	4	10	-	3	4	25	-
2	2	46	2	2	2	56	2
1	1	23	1	1	1	28	1
$\frac{1}{2}$	-	41	2	$\frac{1}{2}$	-	44	-
$\frac{1}{4}$	-	20	3	$\frac{1}{4}$	-	22	-
$\frac{1}{16}$	-	5	-	$\frac{1}{16}$	-	5	2

Schaffl Korn pr. 9 fl. -			|| pr. 9 fl. 30 kr.			
Metzen.	fl.	kr.	pf. || Metzen.	fl.	kr.	pf.
5	7	30	- || 5	7	55	-
4	6	-	- || 4	6	20	-
3	4	30	- || 3	4	45	-
2	3	-	- || 2	3	10	-
1	1	30	- || 1	1	35	-
$\frac{1}{2}$	-	45	- || $\frac{1}{2}$	-	47	2
$\frac{1}{4}$	-	22	2 || $\frac{1}{4}$	-	23	3
$\frac{1}{16}$	-	5	2 || $\frac{1}{16}$	-	5	3

pr. 9 fl. 10 kr.					pr. 9 fl. 40 kr.			
5	7	38	1		5	8	3	1
4	6	6	2		4	6	26	2
3	4	35	-		3	4	50	-
2	3	3	1		2	3	13	1
1	1	31	2		1	1	36	2
$\frac{1}{2}$	-	45	3		$\frac{1}{2}$	-	48	1
$\frac{1}{4}$	-	22	3		$\frac{1}{4}$	-	24	-
$\frac{1}{16}$	-	5	2		$\frac{1}{16}$	-	6	-

pr. 9 fl. 20 kr.					pr. 9 fl. 50 kr.			
5	7	46	2		5	8	11	2
4	6	13	1		4	6	33	1
3	4	40	-		3	4	55	-
2	3	6	2		2	3	16	2
1	1	33	1		1	1	38	1
$\frac{1}{2}$	-	46	2		$\frac{1}{2}$	-	49	-
$\frac{1}{4}$	-	23	1		$\frac{1}{4}$	-	24	2
$\frac{1}{16}$	-	5	3		$\frac{1}{16}$	-	6	-

Schaffl Korn pr. 10 fl. –				pr. 10 fl. 30 kr.			
Metzen.	fl.	kr.	pf.	Metzen.	fl.	kr.	pf.
5	8	20	–	5	8	45	–
4	6	40	–	4	7	.	–
3	5	:	–	3	5	15	–
2	3	20	–	2	3	30	–
1	1	40	–	1	1	45	–
$\frac{1}{2}$	–	50	–	$\frac{1}{2}$	–	52	2
$\frac{1}{4}$	–	25	–	$\frac{1}{4}$	–	26	1
$\frac{1}{16}$	–	6	1	$\frac{1}{16}$	–	6	–

pr. 10 fl. 10 kr.				pr. 10 fl. 40 kr.			
5	8	28	1	5	8	53	–
4	6	46	2	4	7	6	2
3	5	5	–	3	5	20	–
2	3	23	1	2	3	33	1
1	1	41	2	1	1	46	2
$\frac{1}{2}$	–	50	3	$\frac{1}{2}$	–	53	1
$\frac{1}{4}$	–	25	1	$\frac{1}{4}$	–	26	2
$\frac{1}{16}$	–	6	1	$\frac{1}{16}$	–	6	2

pr. 10 fl. 20 kr.				pr. 10 fl. 50 kr.			
5	8	36	2	5	9	1	2
4	6	53	1	4	7	13	1
3	5	10	–	3	5	25	–
2	3	26	2	2	3	36	2
1	1	43	1	1	1	48	1
$\frac{1}{2}$	–	51	2	$\frac{1}{2}$	–	54	–
$\frac{1}{4}$	–	25	3	$\frac{1}{4}$	–	27	–
$\frac{1}{16}$	–	6	1	$\frac{1}{16}$	–	6	3

Schaffl Korn pr. 11 fl. -   **pr. 11 fl. 30 kr**

Metzen.	fl.	kr.	pf.	Metzen.	fl.	kr.	pf.
5	9	10	-	5	9	35	-
4	7	20	-	4	7	40	-
3	5	30	-	3	5	45	-
2	3	40	-	2	3	50	-
1	1	50	-	1	1	55	-
$\frac{1}{2}$	-	55	-	$\frac{1}{2}$	-	57	2
$\frac{1}{4}$	-	27	2	$\frac{1}{4}$	-	28	3
$\frac{1}{16}$	-	6	3	$\frac{1}{16}$	-	7	3

pr. 11 fl. 10 kr.   **pr. 11 fl. 40 kr**

Metzen.	fl.	kr.	pf.	Metzen.	fl.	kr.	pf.
5	9	18	1	5	9	43	1
4	7	26	2	4	7	45	2
3	5	35	-	3	5	50	-
2	3	43	1	2	3	53	1
1	1	51	2	1	1	56	2
$\frac{1}{2}$	-	55	3	$\frac{1}{2}$	-	58	1
$\frac{1}{4}$	-	27	3	$\frac{1}{4}$	-	29	-
$\frac{1}{16}$	-	6	3	$\frac{1}{16}$	-	7	1

pr. 11 fl. 20 kr.   **pr. 11 fl. 50 kr**

Metzen.	fl.	kr.	pf.	Metzen.	fl.	kr.	pf.
5	9	26	2	5	9	51	2
4	7	33	1	4	7	53	1
3	5	40	-	3	5	55	-
2	3	46	2	2	3	56	2
1	1	53	1	1	1	58	1
$\frac{1}{2}$	-	56	2	$\frac{1}{2}$	-	59	-
$\frac{1}{4}$	-	28	1	$\frac{1}{4}$	-	29	2
$\frac{1}{16}$	-	7	-	$\frac{1}{16}$	-	7	1

Schaffl Korn pr. 12 fl. - || pr. 12 fl. 30 fr.

Metzen.	fl.	fr.	pf.		Metzen.	fl.	fr.	pf.
5	10	-	-		5	10	25	-
4	8	-	-		4	8	20	-
3	6	-	-		3	6	15	-
2	4	-	-		2	4	10	-
1	2	-	-		1	2	5	-
1/2	1	-	-		1/2	1	2	2
1/4	-	30	-		1/4	-	31	1
1/16	-	7	2		1/16	-	7	3

pr. 12 fl. 10 fr. || pr. 12 fl. 40 fr.

Metzen.	fl.	fr.	pf.		Metzen.	fl.	fr.	pf.
5	10	8	1		5	10	33	1
4	8	6	2		4	8	26	2
3	6	5	-		3	6	20	-
2	4	3	1		2	4	13	1
1	2	1	2		1	2	6	2
1/2	1	-	3		1/2	1	3	1
1/4	-	30	1		1/4	-	31	2
1/16	-	7	2		1/16	-	7	3

pr. 12 fl. 20 fr. || pr. 12 fl. 50 fr.

Metzen.	fl.	fr.	pf.		Metzen.	fl.	fr.	pf.
5	10	16	2		5	10	41	2
4	8	13	1		4	8	33	1
3	6	10	-		3	6	25	-
2	4	6	2		2	4	16	2
1	2	3	1		1	2	8	1
1/2	1	1	2		1/2	1	4	-
1/4	-	30	3		1/4	-	32	-
1/16	-	7	2		1/16	-	8	-

Schaffl Gersten pr. 3 fl. - || **pr. 3 fl. 30 kr.**

Metzen.	fl.	kr.	pf.	Metzen.	fl.	kr.	pf.
5	2	30	-	5	2	55	-
4	2	-	-	4	2	20	-
3	1	30	-	3	1	45	-
2	1	-	-	2	1	10	-
1	-	30	-	1	-	35	-
1/2	-	15	-	1/2	-	17	2
1/4	-	7	2	1/4	-	8	3
1/16	-	1	3	1/16	-	2	-

pr. 3 fl. 10 kr. || **pr. 3 fl. 40 kr.**

Metzen.	fl.	kr.	pf.	Metzen.	fl.	kr.	pf.
5	2	38	1	5	3	3	1
4	2	6	2	4	2	26	2
3	1	35	-	3	1	50	-
2	1	3	1	2	1	13	1
1	-	31	2	1	-	36	2
1/2	-	15	3	1/2	-	18	1
1/4	-	7	3	1/4	-	9	-
1/16	-	1	3	1/16	-	2	1

pr. 3 fl. 20 kr. || **pr. 3 fl. 50 kr.**

Metzen.	fl.	kr.	pf.	Metzen.	fl.	kr.	pf.
5	2	46	2	5	3	11	2
4	2	13	1	4	2	33	1
3	1	40	-	3	1	55	-
2	1	6	2	2	1	16	2
1	-	33	1	1	-	38	1
1/2	-	16	2	1/2	-	19	-
1/4	-	8	1	1/4	-	9	2
1/16	-	2	-	1/16	-	2	1

Schaffl Gersten pr. 4 fl. —

Metzen.	fl.	kr.	pf.		Metzen.	fl.	kr.	pf.
5	3	20	-		5	3	45	-
4	2	40	-		4	3	-	-
3	2	-	-		3	2	15	-
2	1	20	-		2	1	30	-
1	-	40	-		1	-	45	-
$\frac{1}{2}$	-	20	-		$\frac{1}{2}$	-	22	2
$\frac{1}{4}$	-	10	-		$\frac{1}{4}$	-	11	1
$\frac{1}{16}$	-	2	2		$\frac{1}{16}$	-	2	3

pr. 4 fl. 30 kr.

pr. 4 fl. 10 kr. | pr. 4 fl. 40 kr.

Metzen.	fl.	kr.	pf.		Metzen.	fl.	kr.	pf.
5	3	28	1		5	3	53	1
4	2	46	2		4	3	6	2
3	2	5	-		3	2	20	-
2	1	23	1		2	1	33	1
1	-	41	2		1	-	46	2
$\frac{1}{2}$	-	20	3		$\frac{1}{2}$	-	23	1
$\frac{1}{4}$	-	10	1		$\frac{1}{4}$	-	11	2
$\frac{1}{16}$	-	2	2		$\frac{1}{16}$	-	2	3

pr. 4 fl. 20 kr. | pr. 4 fl. 50 kr.

Metzen.	fl.	kr.	pf.		Metzen.	fl.	kr.	pf.
5	3	36	2		5	4	1	2
4	2	53	1		4	3	18	1
3	2	10	-		3	2	25	-
2	1	26	2		2	1	36	2
1	-	43	1		1	-	48	1
$\frac{1}{2}$	-	21	2		$\frac{1}{2}$	-	24	-
$\frac{1}{4}$	-	10	3		$\frac{1}{4}$	-	12	-
$\frac{1}{16}$	-	2	2		$\frac{1}{16}$	-	3	-

Schaffl Gersten pr. 5 fl. -				pr. 5 fl. 30 kr.			
Metzen.	fl.	kr.	pf.	Metzen.	fl.	kr.	pf.
5	4	0	-	5	4	35	-
4	3	10	-	4	3	40	-
3	2	30	-	3	2	45	-
2	1	40	-	2	1	50	-
1	-	50	-	1	-	55	-
1/2	-	25	-	1/2	-	27	2
1/4	-	12	2	1/4	-	13	3
1/16	-	3	-	1/16	-	3	1

pr. 5 fl. 10 kr.				pr. 5 fl. 40 kr.			
5	4	18	1	5	4	43	1
4	3	26	2	4	3	46	2
3	2	35	-	3	2	50	-
2	1	43	1	2	1	53	1
1	-	51	2	1	-	56	2
1/2	-	25	3	1/2	-	28	1
1/4	-	12	3	1/4	-	14	-
1/16	-	3	-	1/16	-	3	2

pr. 5 fl. 20 kr.				pr. 5 fl. 50 kr.			
5	4	26	2	5	4	51	2
4	3	33	1	4	3	53	1
3	2	40	-	3	2	55	-
2	1	46	2	2	1	56	2
1	-	53	1	1	-	58	1
1/2	-	26	2	1/2	-	29	-
1/4	-	13	1	1/4	-	14	2
1/16	-	3	1	1/16	-	3	3

Schaffl Gersten pr. 6 fl. - || **pr. 6 fl. 30 kr.**

Metzen.	fl.	kr.	pf.	Metzen.	fl.	kr.	pf.
5	5	-	.	5	5	25	-
4	4	-	.	4	4	20	-
3	3	-	.	3	3	15	-
2	2	-	.	2	2	10	-
1	1	-	.	1	1	5	-
$\frac{1}{2}$	-	30	-	$\frac{1}{2}$	-	32	2
$\frac{1}{4}$	-	15	-	$\frac{1}{4}$	-	16	1
$\frac{1}{16}$	-	3	3	$\frac{1}{16}$	-	4	

pr. 6 fl. 10 kr. || **pr. 6 fl. 40 kr.**

Metzen.	fl.	kr.	pf.	Metzen.	fl.	kr.	pf.
5	5	8	1	5	5	33	1
4	4	6	2	4	4	26	2
3	3	5	-	3	3	20	-
2	2	3	1	2	2	13	1
1	1	1	2	1	1	6	2
$\frac{1}{2}$	-	30	3	$\frac{1}{2}$	-	33	1
$\frac{1}{4}$	-	15	1	$\frac{1}{4}$	-	16	2
$\frac{1}{16}$	-	3	3	$\frac{1}{16}$	-	4	-

pr. 6 fl. 20 kr. || **pr. 6 fl. 50 kr.**

Metzen.	fl.	kr.	pf.	Metzen.	fl.	kr.	pf.
5	5	16	2	5	5	41	2
4	4	13	1	4	4	35	1
3	3	10	-	3	3	25	-
2	2	6	2	2	2	16	2
1	1	3	1	1	1	8	1
$\frac{1}{2}$	-	31	2	$\frac{1}{2}$	-	34	-
$\frac{1}{4}$	-	15	3	$\frac{1}{4}$	-	17	-
$\frac{1}{16}$	-	3	3	$\frac{1}{16}$	-	4	1

Metzen.	fl.	kr.	pf.	Metzen.	fl.	kr.	pf.
Schaffl Gersten pr. 7 fl. -				**pr. 7 fl. 30 kr.**			
5	5	50	-	5	6	15	-
4	4	40	-	4	5	-	-
3	3	30	-	3	3	45	-
2	2	20	-	2	2	30	-
1	1	10	-	1	1	15	-
1/2	-	35	-	1/2	-	37	2
1/4	-	17	2	1/4	-	18	3
1/16	-	4	1	1/16	-	4	2
pr. 7 fl. 10 kr.				**pr. 7 fl. 40 kr.**			
5	5	58	1	5	6	23	1
4	4	46	2	4	5	6	2
3	3	35	-	3	3	50	-
2	2	23	1	2	2	33	1
1	1	11	2	1	1	16	2
1/2	-	35	3	1/2	-	38	1
1/4	-	17	3	1/4	-	19	-
1/16	-	4	1	1/16	-	4	3
pr. 7 fl. 20 kr.				**pr. 7 fl. 50 kr.**			
5	6	6	2	5	6	31	2
4	4	53	1	4	5	13	1
3	3	40	-	3	3	55	-
2	2	26	2	2	2	36	2
1	1	13	1	1	1	18	1
1/2	-	36	2	1/2	-	39	-
1/4	-	18	1	1/4	-	19	2
1/16	-	4	2	1/16	-	4	3

Schafft Gersten pr. 8 fl. – | **pr. 8 fl. 30 kr.**

Metzen.	fl.	kr.	pf.		Metzen.	fl.	kr.	pf.
5	6	40	–		5	7	5	–
4	5	20	–		4	5	40	–
3	4	–	–		3	4	15	–
2	2	40	–		2	2	50	–
1	1	20	–		1	1	25	–
$\frac{1}{2}$	–	40	–		$\frac{1}{2}$	–	42	–
$\frac{1}{4}$	–	20	–		$\frac{1}{4}$	–	21	1
$\frac{1}{16}$	–	5	–		$\frac{1}{16}$	–	5	1

pr. 8 fl. 10 kr. | **pr. 8 fl. 40 kr.**

Metzen.	fl.	kr.	pf.		Metzen.	fl.	kr.	pf.
5	6	48	1		5	7	13	1
4	5	26	2		4	5	46	2
3	4	5	–		3	4	20	–
2	2	43	1		2	2	53	1
1	1	21	2		1	1	26	2
$\frac{1}{2}$	–	40	3		$\frac{1}{2}$	–	43	1
$\frac{1}{4}$	–	20	1		$\frac{1}{4}$	–	21	2
$\frac{1}{16}$	–	5	–		$\frac{1}{16}$	–	5	1

pr. 8 fl. 20 kr. | **pr. 8 fl. 50 kr.**

Metzen.	fl.	kr.	pf.		Metzen.	fl.	kr.	pf.
5	6	56	2		5	7	21	2
4	5	33	1		4	5	53	1
3	4	10	–		3	4	25	–
2	2	46	2		2	2	56	2
1	1	23	1		1	1	28	1
$\frac{1}{2}$	–	41	2		$\frac{1}{2}$	–	44	–
$\frac{1}{4}$	–	20	3		$\frac{1}{4}$	–	22	–
$\frac{1}{16}$	–	5	–		$\frac{1}{16}$	–	5	2

Schaffl Gersten pr. 9 fl. -   pr. 9 fl. 30 kr.

Metzen.	fl.	kr.	pf.	Metzen.	fl.	kr.	pf.
5	7	30	-	5	7	55	-
4	6	-	-	4	6	20	-
3	4	30	-	3	4	45	-
2	3	-	-	2	3	10	-
1	1	30	-	1	1	35	-
$\frac{1}{2}$	-	45	-	$\frac{1}{2}$	-	47	2
$\frac{1}{4}$	-	22	2	$\frac{1}{4}$	-	23	3
$\frac{1}{16}$	-	5	2	$\frac{1}{16}$	-	5	3

pr. 9 fl. 10 kr.   pr. 9 fl. 40 kr.

Metzen.	fl.	kr.	pf.	Metzen.	fl.	kr.	pf.
5	7	38	1	5	8	3	1
4	6	6	2	4	6	26	2
3	4	35	-	3	4	50	-
2	3	3	1	2	3	13	1
1	1	31	2	1	1	36	2
$\frac{1}{2}$	-	45	3	$\frac{1}{2}$	-	48	1
$\frac{1}{4}$	-	22	3	$\frac{1}{4}$	-	24	-
$\frac{1}{16}$	-	5	2	$\frac{1}{16}$	-	6	-

pr. 9 fl. 20 kr.   pr. 9 fl. 50 kr.

Metzen.	fl.	kr.	pf.	Metzen.	fl.	kr.	pf.
5	7	46	2	5	8	11	2
4	6	13	1	4	6	33	1
3	4	40	-	3	4	55	-
2	3	6	2	2	3	16	2
1	1	33	2	1	1	38	1
$\frac{1}{2}$	-	46	2	$\frac{1}{2}$	-	49	-
$\frac{1}{4}$	-	23	1	$\frac{1}{4}$	-	24	2
$\frac{1}{16}$	-	5	3	$\frac{1}{16}$	-	6	-

Schaffl Gerſten pr. 10 fl. —				pr. 10 fl. 30 kr.			
Metzen.	fl.	kr.	pf.	Metzen.	fl.	kr.	pf.
5	8	20	-	5	8	45	-
4	6	40	.	4	7	.	-
3	5	.	-	3	5	15	-
2	3	20	-	2	3	30	-
1	1	40	-	1	1	45	-
$\frac{1}{2}$	-	50	-	$\frac{1}{2}$	-	52	2
$\frac{1}{4}$	-	25	-	$\frac{1}{4}$	-	26	1
$\frac{1}{16}$	-	6	1	$\frac{1}{16}$	-	6	2
pr. 10 fl. 10 kr.				**pr. 10 fl. 40 kr.**			
5	8	28	1	5	8	53	1
4	6	46	2	4	7	6	2
3	5	5	-	3	5	20	-
2	3	23	1	2	3	33	1
1	1	41	2	1	1	46	2
$\frac{1}{2}$	-	50	3	$\frac{1}{2}$	-	53	1
$\frac{1}{4}$	-	25	1	$\frac{1}{4}$	-	26	2
$\frac{1}{16}$	-	6	1	$\frac{1}{16}$	-	6	2
pr. 10 fl. 20 kr.				**pr. 10 fl. 50 kr.**			
5	8	36	2	5	9	1	2
4	6	53	1	4	7	13	1
3	5	10	-	3	5	25	-
2	3	26	2	2	3	36	2
1	1	43	1	1	1	48	1
$\frac{1}{2}$	-	51	2	$\frac{1}{2}$	-	54	-
$\frac{1}{4}$	-	25	3	$\frac{1}{4}$	-	27	-
$\frac{1}{16}$	-	6	1	$\frac{1}{16}$	-	6	3

Schaffl Gersten pr. 11 fl. – || pr. 11 fl. 30 kr.

Metzen.	fl.	kr.	pf.	Metzen.	fl.	kr.	pf.
5	9	10	-	5	9	35	-
4	7	20	-	4	7	40	-
3	5	30	-	3	5	45	-
2	3	40	-	2	3	50	-
1	1	50	-	1	1	55	-
1/2	-	55	-	1/2	-	56	3
1/4	-	27	2	1/4	-	28	3
1/16	-	6	3	1/16	-	7	-

pr. 11 fl. 10 kr. || pr. 11 fl. 40 kr.

Metzen.	fl.	kr.	pf.	Metzen.	fl.	kr.	pf.
5	9	18	1	5	9	43	1
4	7	26	2	4	7	45	2
3	5	35	-	3	5	50	-
2	3	43	1	2	3	53	1
1	1	51	2	1	1	56	2
1/2	-	55	3	1/2	-	58	1
1/4	-	27	3	1/4	-	29	-
1/16	-	6	3	1/16	-	7	1

pr. 11 fl. 20 kr. || pr. 11 fl. 50 kr.

Metzen.	fl.	kr.	pf.	Metzen.	fl.	kr.	pf.
5	9	26	2	5	9	51	2
4	7	33	1	4	7	53	1
3	5	40	-	3	5	55	-
2	3	46	2	2	3	56	2
1	1	53	1	1	1	58	1
1/2	-	56	2	1/2	-	59	-
1/4	-	28	1	1/4	-	29	2
1/16	-	7	-	1/16	-	7	1

Schaffl Gersten pr. 12 fl. - | | | | **pr. 12 fl. 30 kr.**

Metzen.	fl.	kr.	pf.		Metzen.	fl.	kr.	pf.
5	10	-	-		5	10	25	-
4	8	-	-		4	8	20	-
3	6	-	-		3	6	15	-
2	4	-	-		2	4	10	-
1	2	-	-		1	2	5	-
$\frac{1}{2}$	1	-	-		$\frac{1}{2}$	1	2	2
$\frac{1}{4}$	-	30	-		$\frac{1}{4}$	-	31	1
$\frac{1}{16}$	-	7	2		$\frac{1}{16}$	-	7	3

pr. 12 fl. 10 kr. | | | | **pr. 12 fl. 40 kr.**

Metzen.	fl.	kr.	pf.		Metzen.	fl.	kr.	pf.
5	10	8	1		5	10	33	1
4	8	6	2		4	8	26	2
3	6	5	-		3	6	20	-
2	4	3	1		2	4	13	1
1	2	1	2		1	2	6	2
$\frac{1}{2}$	1	-	3		$\frac{1}{2}$	1	3	1
$\frac{1}{4}$	-	30	1		$\frac{1}{4}$	-	31	2
$\frac{1}{16}$	-	7	2		$\frac{1}{16}$	-	7	3

pr. 12 fl. 20 kr. | | | | **pr. 12 fl. 50 kr.**

Metzen.	fl.	kr.	pf.		Metzen.	fl.	kr.	pf.
5	10	16	2		5	10	41	2
4	8	13	1		4	8	33	1
3	6	10	-		3	6	25	-
2	4	6	2		2	4	16	2
1	2	3	1		1	2	8	1
$\frac{1}{2}$	1	1	2		$\frac{1}{2}$	1	4	-
$\frac{1}{4}$	-	30	3		$\frac{1}{4}$	-	$3\frac{1}{2}$	-
$\frac{1}{16}$	-	7	2		$\frac{1}{16}$	-	8	-

Schafft Habern pr. 2 fl. -				pr. 2 fl. 30 kr.			
Metzen.	fl.	kr.	pf.	Metzen.	fl.	kr.	pf.
5	1	25	2	5	1	47	-
4	1	8	2	4	1	25	3
3	-	51	1	3	1	4	1
2	-	34	1	2	-	42	3
1	-	17	-	1	-	21	1
1/2	-	8	2	1/2	-	10	2
1/4	-	4	1	1/4	-	5	1
1/16	-	1	-	1/16	-	1	1

pr. 2 fl. 10 kr.				pr. 2 fl. 40 kr.			
5	1	32	3	5	1	54	1
4	1	14	1	4	1	31	1
3	-	55	3	3	1	8	2
2	-	37	-	2	-	45	3
1	-	18	1	1	-	22	3
1/2	-	9	-	1/2	-	11	-
1/4	-	4	2	1/4	-	5	2
1/16	-	1	-	1/16	-	1	1

pr. 2 fl. 20 kr.				pr. 2 fl. 50 kr.			
5	1	40	-	5	2	1	1
4	1	20	-	4	1	37	-
3	1	-	-	3	1	13	3
2	-	40	-	2	-	48	2
1	-	20	-	1	-	24	1
1/2	-	10	-	1/2	-	12	-
1/4	-	5	-	1/4	-	6	-
1/16	-	1	1	1/16	-	1	2

Schaffl Habern pr. 3 fl.					pr. 3 fl. 30 kr.		
Metzen.	fl.	kr.	pf.	Metzen.	fl.	kr.	pf.
5	2	8	2	5	2	30	-
4	1	42	3	4	2	4	-
3	1	17	-	3	1	30	-
2	-	51	1	2	1	-	-
1	-	25	2	1	-	30	-
1/2	-	12	3	1/2	-	15	-
1/4	-	6	1	1/4	-	7	2
1/16	-	1	2	1/16	-	2	-

pr. 3 fl. 10 kr.					pr. 3 fl. 40 kr.		
5	2	15	2	5	2	37	-
4	1	48	2	4	2	1	2
3	1	21	1	3	1	34	1
2	-	54	1	2	1	7	3
1	-	27	-	1	-	31	1
1/2	-	13	2	1/2	-	15	2
1/4	-	6	3	1/4	-	7	3
1/16	-	1	2	1/16	-	2	-

pr. 3 fl. 20 kr.					pr. 3 fl. 50 kr.		
5	2	22	3	5	2	44	1
4	1	54	1	4	2	11	-
3	1	25	2	3	1	38	2
2	-	57	-	2	1	5	3
1	-	28	2	1	-	32	3
1/2	-	14	1	1/2	-	16	1
1/4	-	7	-	1/4	-	8	-
1/16	-	1	3	1/16	-	2	-

Schafft Habern pr. 4 fl. – ‖ pr. 4 fl. 30 kr.

Metzen.	fl.	kr.	pf.	‖	Metzen.	fl.	kr.	pf.
5	2	51	1		5	3	12	3
4	2	17	-		4	2	34	1
3	1	42	3		3	1	55	2
2	1	8	2		2	1	17	-
1	-	34	1		1	-	38	2
1/2	-	17	-		1/2	-	19	1
1/4	-	8	2		1/4	-	9	2
1/16	-	2	-		1/16	-	2	1

pr. 4 fl. 10 kr. ‖ pr. 4 fl. 40 kr.

Metzen.	fl.	kr.	pf.	‖	Metzen.	fl.	kr.	pf.
5	2	58	2		5	3	20	-
4	2	22	3		4	2	40	-
3	1	47	-		3	2	-	-
2	1	11	1		2	1	20	-
1	-	35	2		1	-	40	-
1/2	-	17	3		1/2	-	20	-
1/4	-	8	3		1/4	-	10	-
1/16	-	2	-		1/16	-	2	-

pr. 4 fl. 20 kr. ‖ pr. 4 fl. 50 kr.

Metzen.	fl.	kr.	pf.	‖	Metzen.	fl.	kr.	pf.
5	3	5	2		5	3	27	-
4	2	28	2		4	2	45	2
3	1	51	1		3	2	4	1
2	1	14	1		2	1	22	3
1	-	37	-		1	-	41	1
1/2	-	18	2		1/2	-	20	2
1/4	-	9	1		1/4	-	10	1
1/16	-	2	1		1/16	-	2	2

Schaffl Habern pr. 5 fl. - || pr. 5 fl. 30 kr.

Metzen.	fl.	kr.	pf.	Metzen.	fl.	kr.	pf.
5	3	34	1	5	3	55	2
4	2	51	1	4	3	8	2
3	2	8	2	3	2	21	1
2	1	25	2	2	1	34	1
1	-	42	3	1	-	47	-
1/2	-	21	1	1/2	-	23	2
1/4	-	10	2	1/4	-	11	3
1/16	-	2	2	1/16	-	2	3

pr. 5 fl. 10 kr. || pr. 5 fl. 40 kr.

5	3	41	1	5	4	2	3
4	2	57	-	4	3	14	1
3	2	12	3	3	2	25	2
2	1	28	2	2	1	37	-
1	-	44	1	1	-	48	2
1/2	-	22	-	1/2	-	24	1
1/4	-	11	-	1/4	-	12	-
1/16	-	2	3	1/16	-	3	-

pr. 5 fl. 20 kr. || pr. 5 fl. 50 kr.

5	3	48	2	5	4	10	-
4	3	2	3	4	3	20	-
3	2	17	-	3	2	30	-
2	1	31	1	2	1	40	-
1	-	45	2	1	-	50	-
1/2	-	22	3	1/2	-	25	-
1/4	-	11	1	1/4	-	12	2
1/16	-	2	3	1/16	-	3	-

Schaffl Habern pr. 6 fl. – || pr. 6 fl. 30 kr.

Metzen.	fl.	kr.	pf.	Metzen.	fl.	kr.	pf.
5	4	17	-	5	4	38	2
4	3	25	2	4	3	42	3
3	2	34	1	3	2	47	-
2	1	42	3	2	1	51	1
1	-	51	1	1	-	55	2
1/2	-	25	2	1/2	-	27	3
1/4	-	12	3	1/4	-	13	3
1/16	-	3	-	1/16	-	3	1

pr. 6 fl. 10 kr. || pr. 6 fl. 40 kr.

Metzen.	fl.	kr.	pf.	Metzen.	fl.	kr.	pf.
5	4	24	1	5	4	45	2
4	3	31	1	4	3	48	2
3	2	38	2	3	2	51	1
2	1	45	2	2	1	54	1
1	-	52	3	1	-	57	-
1/2	-	26	1	1/2	-	28	2
1/4	-	13	-	1/4	-	14	1
1/16	-	3	1	1/16	-	3	2

pr. 6 fl. 20 kr. || pr. 6 fl. 50 kr.

Metzen.	fl.	kr.	pf.	Metzen.	fl.	kr.	pf.
5	4	31	1	5	4	52	3
4	3	37	-	4	3	54	1
3	2	42	3	3	2	55	2
2	1	48	2	2	1	57	-
1	-	54	1	1	-	58	2
1/2	-	27	-	1/2	-	29	1
1/4	-	13	2	1/4	-	14	2
1/16	-	3	1	1/16	-	3	2

Schäffl Habern pr. 7 fl. — || pr. 7 fl. 30 kr.

Metzen.	fl.	kr.	pf.	Metzen.	fl.	kr.	pf.
5	5	–	–	5	5	21	1
4	4	–	–	4	4	17	–
3	3	–	–	3	3	12	3
2	2	–	–	2	2	8	2
1	1	–	–	1	1	4	1
$\frac{1}{2}$	–	30	–	$\frac{1}{2}$	–	32	–
$\frac{1}{4}$	–	15	–	$\frac{1}{4}$	–	16	–
$\frac{1}{16}$	–	3	3	$\frac{1}{16}$	–	4	–

pr. 7 fl. 10 kr. || pr. 7 fl. 40 kr.

Metzen.	fl.	kr.	pf.	Metzen.	fl.	kr.	pf.
5	5	7	–	5	5	28	2
4	4	5	2	4	4	22	3
3	3	4	1	3	3	17	–
2	2	2	3	2	2	11	1
1	1	1	1	1	1	5	2
$\frac{1}{2}$	–	30	2	$\frac{1}{2}$	–	32	3
$\frac{1}{4}$	–	15	1	$\frac{1}{4}$	–	16	1
$\frac{1}{16}$	–	3	3	$\frac{1}{16}$	–	4	–

pr. 7 fl. 20 kr. || pr. 7 fl. 50 kr.

Metzen.	fl.	kr.	pf.	Metzen.	fl.	kr.	pf.
5	5	14	1	5	5	35	2
4	4	11	1	4	4	28	2
3	3	8	2	3	3	21	1
2	2	5	2	2	2	14	1
1	1	2	3	1	1	7	–
$\frac{1}{2}$	–	31	1	$\frac{1}{2}$	–	33	2
$\frac{1}{4}$	–	15	2	$\frac{1}{4}$	–	16	3
$\frac{1}{16}$	–	3	3	$\frac{1}{16}$	–	4	–

Habern.

Schaffl Habern pr. 8 fl. - || **pr. 8 fl. 30 kr.**

Metzen.	fl.	kr.	pf.	Metzen.	fl.	kr.	pf.
5	5	42	3	5	6	4	1
4	4	34	1	4	4	51	1
3	3	25	2	3	3	38	2
2	2	17	-	2	2	25	2
1	1	8	2	1	1	12	3
$\frac{1}{2}$	-	34	1	$\frac{1}{2}$	-	36	1
$\frac{1}{4}$	-	17	-	$\frac{1}{4}$	-	18	-
$\frac{1}{16}$	-	4	1	$\frac{1}{16}$	-	4	2

pr. 8 fl. 10 kr. || **pr. 8 fl. 40 kr.**

Metzen.	fl.	kr.	pf.	Metzen.	fl.	kr.	pf.
5	5	50	-	5	6	11	1
4	4	40	-	4	4	57	-
3	3	30	-	3	3	42	3
2	2	20	-	2	2	28	2
1	1	10	-	1	1	14	1
$\frac{1}{2}$	-	35	-	$\frac{1}{2}$	-	37	-
$\frac{1}{4}$	-	17	2	$\frac{1}{4}$	-	18	2
$\frac{1}{16}$	-	4	1	$\frac{1}{16}$	-	4	2

pr. 8 fl. 20 kr. || **pr. 8 fl. 50 kr.**

Metzen.	fl.	kr.	pf.	Metzen.	fl.	kr.	pf.
5	5	57	-	5	6	18	2
4	4	45	2	4	5	2	3
3	3	34	1	3	3	47	-
2	2	22	3	2	2	31	1
1	1	11	1	1	1	15	2
$\frac{1}{2}$	-	35	2	$\frac{1}{2}$	-	37	3
$\frac{1}{4}$	-	17	3	$\frac{1}{4}$	-	18	3
$\frac{1}{16}$	-	4	3	$\frac{1}{16}$	-	4	2

Schäffl Habern pr. 9 fl. - | pr. 9 fl. 30 kr.

Metzen.	fl.	kr.	pf.		Metzen.	fl.	kr.	pf.
5	6	25	2		5	6	47	-
4	5	8	2		4	5	25	2
3	3	51	1		3	4	4	1
2	2	34	1		2	2	42	3
1	1	17	-		1	1	21	1
1/2	-	38	2		1/2	-	40	2
1/4	-	19	1		1/4	-	20	1
1/16	-	4	3		1/16	-	5	-

pr. 9 fl. 10 kr. | pr. 9 fl. 40 kr.

Metzen.	fl.	kr.	pf.		Metzen.	fl.	kr.	pf.
5	6	32	3		5	6	54	2
4	5	14	1		4	5	31	1
3	3	55	2		3	4	8	2
2	2	37	-		2	2	45	2
1	1	18	2		1	1	22	3
1/2	-	39	1		1/2	-	41	1
1/4	-	19	2		1/4	-	20	2
1/16	-	4	3		1/16	-	5	-

pr. 9 fl. 20 kr. | pr. 9 fl. 50 kr.

Metzen.	fl.	kr.	pf.		Metzen.	fl.	kr.	pf.
5	6	40	-		5	7	1	1
4	5	20	-		4	5	37	-
3	4	-	-		3	4	12	3
2	2	40	-		2	2	48	2
1	1	20	-		1	1	24	1
1/2	-	40	-		1/2	-	42	-
1/4	-	20	-		1/4	-	21	-
1/16	-	5	-		1/16	-	5	1

Schafft Habern pr. 10 fl. -   pr. 10 fl. 30 kr.

Metzen	fl.	kr.	pf.	Metzen	fl.	kr.	pf.
5	7	8	2	5	7	30	-
4	5	42	3	4	6	-	-
3	4	17	-	3	4	30	-
2	2	51	1	2	3	-	-
1	1	25	2	1	1	30	-
1/2	-	42	3	1/2	-	45	-
1/4	-	21	1	1/4	-	22	2
1/16	-	5	1	1/16	-	5	2

pr. 10 fl. 10 kr.   pr. 10 fl. 40 kr.

Metzen	fl.	kr.	pf.	Metzen	fl.	kr.	pf.
5	7	15	2	5	7	35	-
4	5	48	2	4	6	5	2
3	4	21	1	3	4	34	1
2	2	54	1	2	3	2	3
1	1	27	-	1	1	31	1
1/2	-	43	2	1/2	-	45	2
1/4	-	21	3	1/4	-	22	3
1/16	-	5	1	1/16	-	5	2

pr. 10 fl. 20 kr.   pr. 10 fl. 50 kr.

Metzen	fl.	kr.	pf.	Metzen	fl.	kr.	pf.
5	7	22	3	5	7	44	1
4	5	54	1	4	6	11	1
3	4	25	2	3	4	38	2
2	2	57	-	2	3	5	2
1	1	28	2	1	1	32	3
1/2	-	44	1	1/2	-	46	1
1/4	-	22		1/4	-	23	-
1/16	-	5	2	1/16	-	5	3

Schaffl Habern pr. 11 fl. - || pr. 11 fl. 30 kr.

Metzen.	fl.	kr.	pf.		Metzen.	fl.	kr.	pf.
5	7	51	1		5	8	12	3
4	6	17	-		4	6	34	1
3	4	42	3		3	4	55	3
2	3	8	2		2	3	17	-
1	1	34	1		1	1	38	2
1/2	-	47	-		1/2	-	49	1
1/4	-	23	2		1/4	-	24	2
1/16	-	5	3		1/16	-	6	-

pr. 11 fl. 10 kr. || pr. 11 fl. 40 kr.

Metzen.	fl.	kr.	pf.		Metzen.	fl.	kr.	pf.
5	7	58	2		5	8	20	-
4	6	22	3		4	6	40	-
3	4	47	-		3	5	-	-
2	3	11	1		2	3	20	-
1	1	35	3		1	1	40	-
1/2	-	47	3		1/2	-	50	-
1/4	-	23	3		1/4	-	25	-
1/16	-	6	-		1/16	-	6	1

pr. 11 fl. 20 kr. || pr. 11 fl. 50 kr.

Metzen.	fl.	kr.	pf.		Metzen.	fl.	kr.	pf.
5	8	5	3		5	8	27	-
4	6	28	2		4	6	45	3
3	4	51	1		3	5	4	1
2	3	14	1		2	3	22	3
1	1	37	-		1	1	41	1
1/2	-	48	2		1/2	-	50	2
1/4	-	24	1		1/4	-	25	1
1/16	-	6	-		1/16	-	6	1

F I N I S.